오십에 시작하는 증여 플랜

◇ 당신은 언제나 옳습니다. 그대의 삶을 응원합니다. – **고려원북스**

오십에 시작하는 증여 플랜

초판 1쇄 | 2023년 12월 12일

지은이 | 박창하
펴낸이 | 설응도   편집주간 | 안은주
영업책임 | 민경업   디자인 | 박성진

펴낸곳 | 고려원북스

출판등록 | 2004년 5월 6일 (제 2020–000184호)
주소 | 서울시 강남구 테헤란로 78 길 14-12(대치동) 동영빌딩 4층
전화 | 02-466-1283   팩스 | 02-466-1301

문의 (e–mail)
편집 | editor@eyeofra.co.kr
마케팅 | marketing@eyeofra.co.kr
경영지원 | management@eyeofra.co.kr

ISBN 979-11-92915-00-5   13320

더 많이 물려주고, 내 노후도 준비하는
부의 승계전략

오십에 시작하는
증여 플랜

• 박창하 지음 •

고려원북스

우리 부모님들은 자녀들이 잘 되기를 바라는 마음으로 평생을 살아갑니다. 당연히 자신이 평생 일군 재산을 자녀들에게 물려주고 싶어 합니다. 자녀들이 본인들처럼 경제적으로 여유를 누리며 고생하지 않고 살아가길 원하는 부모님들의 마음을 필자는 누구보다 잘 알고 있습니다.

그런데 최근 증여 · 상속 시장에 변화가 생기고 있습니다. 예전에는 주로 부모님들이 상담하러 오셨는데, 최근에는 자녀들이 상담하는 비중이 높아지고 있습니다. 이는 부모 세대가 경제활동을 할 수 있는 연령 상한선이 점점 높아지고 있음을 의미합니다.

또한 최근의 벤처 사업가들은 20대와 30대가 주류입니다. 요즘 젊은이 중에 대기업에 들어가 일을 배우고 여러 경험을 쌓은 후 40대가 되어 사업을 시작하려는 사람은 한 명도 없습니다. 트렌드의 변화가 빠르고 신기술이 지속적으로 개발되고 있으며, 이런 추세는 점점 가속화되고 있기 때문입니다.

부모님께 증여를 받기 위해 40대에 상담을 시작했던 고객이 있습니다. 그는 50대 중반이 된 지금도 상담을 계속하고 있습니다. 부모님이 아직 현역이기 때문입니다. 만약 자녀들이 40대 이후에 증여나 상속을 받는다면 그 재산을 이미 쓸모가 없습니다. 그분들 입장에서는 부모님이 돌아가신 후 상속세를 납부하고, 얼마 안 있어 이 자산을 자신의 자녀에게 증여해야 합니다. 결국 돈은 써보지도 못하고 세금만 많이 내고 노년을 맞이하는 것입니다.

돈이란 삶의 수단이지 목적이 아닙니다. 많은 분들이 돈을 인생의 목적으로 두고 이 돈을 지키려고 아등바등하고 있는 현실이 안타까울 뿐입니다. 세무업계에 종사하는 사람들 사이에 퍼져 있는 속설이 있습니다. 증여를 마친 분들이 장수한다는 이야기입니다. 아마도 무거운 짐을 벗고 마음이 가볍기 때문일 것입니다. 대한민국은 복지가 잘 되어 있는 나라입니다. 집 하나 있고 생활비로 쓸 돈만 있으면 노후 생활이 크게 불편하지 않습니다. 홀가분한 인생 2막을 위해서라도 증여를 시작하시는 것이 어떨까 합니다.

최근 우리나라는 부동산 가격 상승으로 많은 자산가들이 탄생했습니다. 그렇다면 어떤 분을 자산가라고 불러야 할까요? 보통 부동산이나 금융자산으로 100억원이 넘으면 자산가라고 합니다. 물론 요즘 세상에 100억원은 어림도 없다며 300억 원은 되어야 한다는 분들도 계십니다.

사실 200억원 정도의 부동산을 갖고 있고 월세를 웬만큼 받는다 해도 담보대출이자, 재산세, 종합부동산세, 소득세를 납부하면 사실상 여유가 별로 없는 경우도 있습니다. 월세 전액이 이자와 세금, 비용으로 들어가는 겁니다. 그렇다고 통장에 예금으로 갖고 있을 수도 없습니다. 이자도 적고 금융종합과세 대상이 되어 불안합니다. 증권사의 주식연계상품에 가입하면 하루하루 주식시장 등락에 불안하고 새벽에 미국 주식이 폭락했다는 소식을 들으면 가슴이 철렁 내려 앉습니다.

자산가들은 이러한 근심과 불안을 누구에게 토로하기도 힘듭니다. 친구나 지인에게 얘기하면 배 부른 소리라 할 테고, 그렇다고 자녀를 포함한 가족들에게 말하기도 어렵습니다. 혼자서 잠 못 드는 시간이 늘어납니다. 그런데 이렇게 생각해 보면 어떨까요? 이 모든 것은 재산을 가지고 있기 때문에 생기는 부작용입니다. 재산이 없다면 고민도 없습니다. 즉, 고민에서 탈출하는 방법은 노후를 위해 꼭 필요한 자금만 빼고 증여하는 것입니다. 자녀들에게 조금 빨리 재산을 물려준다고 생각하면 편합니다.

물론 이 또한 걱정이 많으실 것입니다. 주변 사람들로부터 증여세율이 무지막지하다는 이야기를 많이 들었을 테니까요. 세율 50%라니 공포스러운 숫자입니다. 하지만 상황을 자세히 들여다보면 그렇게 겁낼 일만은 아닙니다.

이 책은 세금이 무서워서 증여하고 증여 받기를 주저하는 분들을 위한 것입니다. 시간이 지나면 세금이 감소된다면 좋겠지만 오히려 커진다고 보는 것이 맞습니다. 그리고 막다른 길에 이를수록 세금이라는 폭탄을 피해갈 방법이 거의 없습니다. 빨리 시작할수록 세금을 피할 방법이 많고 효율적입니다.

이 책을 읽으면 증여가 그렇게 힘들고 무서운 일이 아니며, 방법에 따라 천차만별의 결과가 나타난다는 것을 알게 됩니다. 또한 기존의 상속, 증여

관련 책들과는 결이 다르다는 것도 느끼실 것입니다. 기존 책들은 주로 상속에만 초점을 맞추다 보니 슬프고 따분합니다. 반면 이 책은 증여를 중심으로 본인의 비즈니스와 자녀의 미래를 동시에 고려하여 재산 증식을 도우려는 목적에서 집필되었습니다. 증여는 활기차고 평화로운 노후 준비이기도 합니다.

아무쪼록 대한민국 자산가 여러분들이 조기 증여를 통해 홀가분하게 살게 되시길 바랍니다.

2023년 11월 1일
박창하

Chapter 03 재산별 증여 솔루션

Chapter 11 증여와 상속을 대비한 알짜 지식

증여세,
아는 만큼 덜 낸다

세금 내는 것을 좋아하는 사람은 없다. 단, 우리나라에서 일하는 외국인 근로자는 아주 기꺼운 마음으로 세금을 낼 수도 있다. 한국 국적 취득을 위해서는 근로 이력이 필요하고 이를 증명하는 수단이 세금 납부이기 때문이다.

좀 거창하긴 하지만 세금을 경제학적 관점에서 살펴보자. 우리가 소비하는 모든 지출에는 효익이 따른다. 오직 세금만 반대급부가 없다. 수백만원의 세금을 내도, 국세청에서 그 흔한 감사 메시지 한번 보내오지 않는다. 당연히 세금을 내는 쪽은 한숨과 짜증이 날 수밖에 없다. 그러나 여기에 그 누구도 말해주지 않는 중요한 인사이트가 있다. 세금에 대해 많이 알수록 세금을 피해갈 확률이 높아진다는 것이다.

그렇다면 정부와 공무원, 세무대리인은 왜 이런 말을 해주지 않는 걸까? 왜 열심히 공부해서 세금을 줄이라고 하지 않을까? 답은 간단하다. 세금을 낼 사람이 세법에 대한 지식이 많아질수록 자신들이 피곤해지기 때문이다. 일반인의 입장에서 세법을 보면 너무 복잡해서 머리가 어질어질할 정도이다. 왜 이렇게 어려운지 이해력을 한탄하다가, 혹시 이해하지 못하게 하려는 저의가 있는 게 아닌지 의심이 든다.

세금의 종류는 수십 가지가 넘고 납부 방법 및 징수하는 주체도 다르다. 세금은 국세와 지방세로 나뉘어져 있고 국세는 국세청에서, 지방세는 행정자치부에서 관할한다. 세금의 정의부터 알기 어렵고 각종 예외 조항들까지 가면 이해를 포기하게 된다. 지금부터 세금이 갖고 있는 일반 속성과 증여세의 특징, 증여와 상속의 차이에 대해 머릿속에 큰 그림을 그려보자.

세법을 어렵게 만드는 이유

아무것도 하지 않는 사람, 아무것도 갖지 않은 사람에겐 세금이 부과되지 않는다. 세금이란 경제주체(개인이든 법인이든)가 경제활동을 할 때, 국가가 부과하는 의무이다. 영리활동을 하는 한, 국가는 계속 세금을 징수한다. 심지어 죽은 후에도 상속세라는 명목으로 세금을 가져간다.

그래서 우리보다 세법에 대해 많이 아는 세무대리인이 필요하고, 세법의 해석이 필요하고, 여러 대안을 고민하게 된다. 모든 국가는 세법을 어렵게 만들어 놓는다. 만약 누구라도 딱 보면 알 수 있듯이, 즉 아파트 관리비 명세표처럼 세법을 만든다면 수많은 항의를 받을 것이 뻔하다. 납세자가 세법에 내재된 불합리성을 알게 되면 세금 징수에 막대한 차질을 빚을 것이다. 물론 합리적인 세무 행정을 위해 매년 세법이 보완되고 새로운 예규나 판례가 생기기도 하지만, 이런 혜택을 납세자가 느끼기는 어렵다.

그렇다면 국세청은 어떤 기준으로 세금을 매길까? 바이러스가 숙주를 죽이지 않듯이 국세청은 납세자가 감당할 수 있는 능력 안에서 세금을 징수한다. 어떤 회사가 세금을 내느라 부도가 났다고 한다면 거짓말에 가깝다. 세금을 내지 않고 남는 돈을 쓰다가 세금 추징을 당해 부도가 나는 경우는 있을 수 있겠다. 다시 한번 말하지만 세금은 납부할 능력이 되는 사람에게 부과된다.

세무대리인이 가장 많이 하는 말이 있다. "세금을 많이 줄여드렸습니다"라는 말이다. 이는 진실일까? 그렇지 않다. 세금은 세법에 따라 납부하는 것이고, 세무대리인은 세법을 고칠 수 없기 때문이다. 그야말로 수수료를 무난히 받기 위한 립서비스에 불과하다. 세금은 고무줄이 아니니 줄이고 말고 할 것이 없다. 세무대리인은 세금을 줄여주는 것이 아니라, 납세자 편에서 세법을 해석하고 대안을 제시하는 사람이다.

증여세 안 내는 5가지 방법

본론으로 들어가서, 증여세를 안 내는 방법에 대해 알아보자. 참고로 지금부터 말하는 5가지 방법을 읽다가 책을 던지지는 말기 바란다. 이런 이야기를 하는 이유가 있기 때문이다.

첫째, 아예 증여하지 않으면 된다. 죽는 날까지 재산을 증여하지 않으면 사후에 자녀들이 상속세를 납부하게 된다. 대부분의 경우 증여보다 더 많은 세금을 낸다.

둘째, 증여할 재산을 모으지 않거나 모으지 못하는 것이다. 죽는 날까지 가진 재산을 다 쓰면 고민할 이유가 없다. 또한 재산이 일정 규모 미만일 경우에도 머리를 싸맬 필요가 없다.

셋째, 무자식이거나 똑똑한 유자식일 경우다. 자녀가 없으면 증여를 하고 싶어도 할 수가 없다. 또한 이재에 밝은 자녀들이 알아서 부모의 재산을 다 빼갔다면 증여세에서 자유롭다.

넷째, 증여세와 상속세가 없는 곳으로 이민을 가면 된다. 즉 국적을 바꾸는 것이다. 솔깃한 이야기이긴 하지만 쉬운 문제는 아니다. 세금 때문에 외국에 가서 불편한 생활을 한다는 것도 선택하기 어렵고, 매각하는 경우 양도세로 재산의 상당 부분이 축나기 때문이다.

다섯째, 증여하고 세금을 안 내는 방법이다. 물론 불가능한 것은 아니다. 그러나 딱 한 번 증여하고 이 사실을 15년간 세무서에서 발견하지 못해야 성립한다. 이 15년을 국세 부과의 제척기간이라고 한다. 쉽게 공소시효라고 생각하면 된다.

그러나 최초 증여 후 15년 이내에 추가로 증여를 한다면, 이는 당연히 합산 신고 대상이므로 이 기간은 15년에서 10년이 더 늘어난다. 즉 25년간 적발되지 않아야 한다. 이럴 확률은 거의 제로에 수렴한다고 봐야 한다. 적발되었을 경우 가산세 또한 엄청날 것이다. 더군다나 최근 판례에 따르면 50억 이상의 재산을 상속·증여한 납부 대상자가 세금을 탈루한 경우에는 기한 없이 추징할 수 있다.

이렇게 말도 안 되는 5가지 경우를 얘기하는 이유는 증여세를 내지 않고 넘어갈 수 없다는 점을 강조하기 위해서다. 어차피 내야 할 것이라면 피하려 하지 말고 조금이라도 덜 낼 방법을 강구하는 편이 바람직하다. 그러려면 지피지기의 자세로 열심히 공부해서 증여세와 친해져야 한다.

모든 것을 세무대리인에게 맡기면 된다고 생각하지 않아야 한다. 세무대리인은 독자 여러분의 생각을 모른다. 여러분이 가족을 얼마나 사랑하는지도 모르고 여러분의 자녀가 어떤 성향인지도 모르고, 여러분의 향후 인생 계획도 알지 못한다. 내가 알아야 증여세를 피해 나갈 방법을 세무대리인과 함께 강구할 수 있다.

증여세 이해를 위해 꼭 알아야 할 3가지 개념

자산을 많이 갖고 있으면서도 골프장에서 캐디피를 모으기 위해 고군분투하고, 쇼핑몰에서 최저가에 구입하기 위해 시간과 노력을 투입하는 분들이 있다. 그런데 수천만원, 수억원, 때로는 수십억원이 달려 있는 증여세라면 어떨까? 과연 '우리 세무사가 이렇다는데'로 퉁칠 수 있을까? 증여를 계획하기 최소 5년 전부터 어떻게 증여할 것인가를 연구해야 한다. 증여세와 친구처럼 잘 지내야 한다는 뜻이다.

① 조세법률주의

조세법률주의란 모든 세금은 법에 따라 부과된다는 말이다. 법이 없으면 세금도 없다. 일례로 여러분이 코인 거래를 통해 큰돈을 벌어도 세금을 내지 않는다. 아직까지 세법에 코인 거래에 대한 규정이 없기 때문이다. 법이 현실을 따라가는 것이므로, 언제든 그 사이에 시간차가 발생하기 마련이다.

최근 여소야대의 정치 지형 속에서 대통령이 공약한 세법이 개정되지 못하고 있다. 따라서 정부는 시행령과 시행규칙만 개정해 종합부동산세의 부담을 줄이려고 하고 있다. 이러한 현상이 '조세법률주의에 위배되는 것

아니냐'라는 질문엔 솔직히 답하기 어렵다. 조세법률주의의 '법률'을 어떻게 해석하느냐에 따라 의견이 다를 수 있다. '법률'을 오직 법률로도 볼 수 있지만 법, 시행령, 시행규칙의 전체 체계로도 볼 수 있기 때문이다. 시행령과 시행규칙은 법률 개정에 발맞추어 그 틀 안에서 개정되어야 한다는 것이 원칙론이다.

② 포괄증여와 추정증여

증여세의 경우 '완전포괄주의' 개념을 도입하고 있다. 재산뿐만 아니라 기타 이익을 이전하거나 상대의 재산가치를 증가시키는 모든 것이 증여다. 특정 자산을 어떤 식으로 증여하는 것을 법률상 증여라고 하는지 일일이 열거하지 않는다는 뜻이다. 혜택을 받은 모든 사안 중 세무당국이 증여라고 간주하는 부분까지 과세하는 것이 '포괄증여'다.

상속세 계산시에는 '추정증여'라는 개념도 적용된다. 과세 관청이 확인하지는 못했지만 증여가 발생한 것으로 '추정'하는 것이다. 쉽게 말해 '안 봐도 뻔하다'라는 식이다. 예를 들어 초등학생이 수십억 아파트를 산 경우가 해당된다.

이런 것을 보면 우리나라 세법이 조세법률주의에 엄격히 부합한다고 보기 어렵다. 우리나라는 과세 당국에 의한 자의적 해석이 얼마든지 가능하다는 점을 늘 명심해야 한다.

③ 증여의제(贈與擬制)

본질상 증여는 아니지만 법률상 증여로 취급한다는 뜻이다. 증여의 본질은 '계약'이다. 따라서 계약이 발생한 부분에 대해 과세하는 것이 당연하다. 그러나 우리나라 세법은 실제 계약이 없더라도 계약이 성립한 것으로 보고 과세하는 경우가 있다.

대표적인 사례가 실권주를 인수한 경우, 상장 전에 주식을 취득한 후 상장하는 경우다. 두 사례에서는 계약이 없지만 증여세가 부과된다. 이는 대주주나 재벌들이 편법을 통해 2세나 3세에게 재산을 넘기는 것에 징벌적 과세를 하기 위함이다.

과거 헌법재판소는 과세 요건이 법으로 정해지지 않았고, 명령에 위임함에 있어서도 법률에 아무런 구체적 기준도 정하지 않았기에 증여의제가 조세법률주의에 위반된다고 판결한 적이 있다. 이후 법률적 보완에 따라 위헌적 요소가 사라졌고 해당 규정이 법률에 안착하게 되었다.

왜 상속보다 증여일까?

증여세와 상속세는 동전의 양면이다. 본인 생전에 재산을 주는 것이 증여, 사후에 재산을 주는 것이 상속이다. 증여를 하면 부모님은 주어서 기쁘고 자식들은 받아서 기쁘다. 부모님이 돌아가신 후 벌어지는 형제들 간의 숱한 다툼과 송사는 막장 드라마로나 어울린다. 상속에 대한 막연한 불안감을 털고 가정도 화목해질 수 있는 증여를 미룰 필요가 없다. 따라서 이 책은 먼 미래가 아니라 당장 실행할 수 있는 증여의 방법들을 소개하고 있다.

가끔 증여세와 상속세가 없는 나라로 이민 가고 싶다는 분들을 만난다 (농담을 진담으로 받는 격이지만 궁금해하실 분들도 있을 듯하여 정리해놓았다). 사실 증여세와 상속세를 걱정할 정도라면 자산가로서 우리나라에서 살기에 불편함이 없는 분들일 것이다. 오직 세금 때문에 이민을 간다는 것은 비현실적이다. 그렇다고 한숨만 쉬고 있을 필요는 없다.

부모가 50세 또는 자녀가 18세 되는 해부터 가족이 합심해 차근차근 준비한다면 증여세라는 허들을 어렵지 않게 넘을 수 있다는 것이 필자의 주장이다. 재산을 미리 나누어주어 상속세를 줄이고 혹시 모를 미래의 분쟁도 미연에 방지한다면 그보다 더 좋을 수는 없다.

증여세, 상속세가 없는 나라

① 미국은 280억 원까지 비과세
현재 기준으로 공제한도는 약 280억 원이다. 280억 원 이하는 상속세와 증여세를 내지 않는다는 의미다. 따라서 대부분의 미국인들은 증여세와 상속세를 납부하지 않는다. 280억 이상일 경우에 상속세가 부과되지만 우리나라처럼 40%, 50% 같은 가파른 세율 증가는 없다. 미국은 물가와 재정 상태를 고려해 매년 공제한도를 발표하고 있다.

② 포르투갈은 대표적 비과세 국가
포르투갈은 미국, 유럽권에서 가장 유명한 상속세, 증여세 비과세 국가로 2004년 세금이 폐지되었다. 국내에 존재하는 몇몇 외국계 회사는 포르투갈에 법인을 만들어 법인세율을 낮게 적용받고 있다. 외국계 펀드의 경우 포르투갈에 본사를 두기도 한다.

③ 그 밖에 싱가폴, 호주, 뉴질랜드, 캐나다 등도 비과세 국가에 해당한다.

당장 궁금증부터
해결하자

가장 많은 사람들이 궁금해 하는 증여세 질문 사례 22

국세청 상담 사례를 참고하여 납세자들이 가장 궁금해하는 것들을 문답 형식으로 정리했다. 여기 나오는 내용은 이후 장에서 보다 상세하게 설명되므로, 당장 용어나 내용이 이해되지 않더라도 큰 맥락만 이해하고 넘어가면 된다.

질문 1 납세자가 증여세를 신고하지 않고 누락한다면 국세청에서 100% 찾아내나요? 국세청에서 파악하지 못하고 지나칠 가능성은 없나요?

결국 찾아낸다고 봐야 합니다. 즉 벗어나기가 어렵습니다. 대개 부동산은 6개월 이내에, 자금은 수년 내에 국세청이 파악하여 연락이 옵니다.

질문 2 증여세는 언제까지 신고하고 어떻게 납부해야 하나요?

증여 받은 사람은 증여 받은 날이 속한 달의 말일로부터 3개월 이내에, 필요 서류를 갖춰 관할 세무서 민원실에 신고해야 합니다. 예를 들어 2023년 12월 25일 증여를 받았다면 2024년 3월 31일까지 신고하면 됩니다. 신고시 필요한 서류는 증여재산 및 평가명세서, 증여세 과세표준 신고 및 자진납부계산서, 그리고 자진납부서입니다.

납부 방법은 3가지입니다. 즉 직접 납부, 카드 납부, 국세청 홈택스에서 전자신고로 납부입니다. 신고기한 마감 후 10일 이내에는 국세청 홈택스에 추가로 증빙서류를 제출할 수 있습니다.

질문 3 배우자 등에게 재산을 양도하면 이유 불문 증여로 보나요?

배우자, 직계존속, 직계비속에게 재산을 양도하면 일단 증여로 간주합니다. 단, 예외가 있습니다. 특수관계자에게 양도한 재산을 그 특수관계자가 양수일로부터 3년 이내에 당초 양도자의 배우자 등에게 다시 양도하는 경우입니다. 이 경우에도, 당초 양도자 및 양수자가 부담한 소득세법에 의한 결정세액의 합계액이 당해 배우자 등이 증여받은 것으로 '추정'할 경우의 증여세액보다 커야 합니다.

즉 두 번의 명의변경 과정에서 납부한 양도소득세 등이 증여시의 세율보다 큰 경우에는 증여세가 과세되지 않습니다. 하지만 실제 거래는 저가로 이루어질 것이므로, 양도세가 증여세보다 더 큰 경우는 발생할 확률이 적습니다.

증여 '추정' 규정이 적용되지 않는 경우는 다음과 같습니다. 즉 배우자 간 또는 직계비속 간 권리의 이전이나 행사에 등기 또는 등록을 요하는

재산을 서로 교환한 경우, 당해 재산의 취득을 위하여 이미 과세받았거나
(비과세, 감면받은 경우 포함) 신고한 소득금액 또는 상속 및 수증재산의 가
액으로 그 대가를 지급한 사실이 입증되는 경우, 당해 재산의 취득을 위
하여 소유재산을 처분한 금액으로 그 대가를 지급한 사실이 입증되는 경
우입니다. 다시 말해, 실제 현금이 오가고 정상적인 거래를 했다면 증여
로 보지 않습니다.

질문4 부동산을 무상으로 사용하는 경우에도 증여세가 과세되나요?

예를 들어, 아버지의 토지 위에 자녀가 자기 명의로 상가 등을 신축하여
임대사업을 하는 경우처럼 부모가 자녀에게 부동산을 무상 사용하게 하
는 방법으로 재산을 무상 이전하는 경우에는 그 부동산의 무상 사용권을
증여한 것으로 보고 증여세 과세 대상으로 규정합니다.

특히 특수관계에 있는 자의 부동산을 무상으로 사용함에 따라 일정한
이익(1억 원 이상의 경우에 한함)을 얻는 경우에는 당해 이익에 상당하는 금
액을 부동산 무상 사용자의 증여세 과세 가액으로 하여 증여세가 과세됩
니다. 산식은 아래와 같습니다.

$$\text{부동산 무상 사용 이익} = \text{부동산 가액} \times 2\% \times 3.790787$$

증여 시기는 사실상 당해 부동산의 무상 사용을 개시한 날로 합니다.
당해 부동산에 대한 무상 사용 기간이 5년을 초과하는 경우, 그 무상 사
용을 개시한 날부터 5년이 되는 날의 다음날 새로이 부동산 무상 사용을
개시한 것으로 봅니다.

질문 5 부모의 상속 재산을 자녀들이 협의 분할할 때 법정지분보다 많이 상속 받은 경우 증여세가 과세되나요?

상속개시 후 등기·등록·명의개서 등에 의하여 각 상속인의 상속분이 확정되어 등기를 하게 됩니다. 만약 등기 후에 공동상속인 사이의 협의에 의해 분할된 상속분이 당초 상속분을 초과한다면 상속분이 감소된 상속인으로부터 증여 받은 것으로 보아 증여세가 과세됩니다.

🆆 당초 상속분을 초과하더라도 과세되지 않는 경우

① 상속개시 후 최초로 공동상속인 간에 상속재산을 협의 분할함에 있어 특정 상속인이 법정상속분을 초과하여 재산을 취득하는 경우

② 상속세 과세표준신고기한 내에 재분할에 의하여 당초 상속분을 초과하여 취득한 경우

③ 상속회복청구의 소에 의한 법원의 확정판결에 의하여 상속인 및 상속재산에 변동이 있는 경우

④ 민법 규정에 의한 채권자 대위권의 행사에 의하여 공동상속인들의 법정상속분대로 등기 등이 된 상속재산을 상속인 사이의 협의분할에 의하여 재분할하는 경우

⑤ 상속세 과세표준 신고기한 내에 상속세를 물납하기 위하여 법정상속분으로 등기·등록 및 명의개서 등을 하여 물납을 신청하였다가 물납 허가를 받지 못하거나 물납재산의 변경 명령을 받아 당초의 물납재산을 상속인 간의 협의분할에 의하여 재분할하는 경우

질문 6 이혼 시 위자료 또는 재산분할 재산도 증여세가 과세되나요?

이혼 등에 의하여 정신적 또는 재산상 손해배상의 대가로 받는 위자료는 조세 포탈이 인정되는 경우를 제외하고는 증여로 보지 않습니다. 따라서 위자료는 증여세 과세 대상이 아닙니다. 다만, 양도소득세 과세대상 재산으로 위자료를 지급하는 경우에는 대물변제에 해당하므로 그 지급자에게 양도소득세가 과세됩니다.

이혼한 자의 일방이 민법 제839조의 2의 규정에 의하여 다른 일방으로부터 재산분할을 청구하여 재산을 취득하는 경우, 당해 재산에 대해서는 증여세 및 양도소득세가 과세되지 않습니다. 판결에 의하여 사실혼 관계가 인정되는 경우, 마찬가지로 재산분할청구권을 행사하여 취득한 재산에 대해서 증여세 및 양도소득세가 과세되지 않습니다.

재산분할 청구권(민법 제839조의2)

① 협의상 이혼한 자의 일방은 다른 일방에 대하여 재산분할을 청구할 수 있다.
② 제1항의 재산분할에 관하여 협의가 되지 아니하거나 협의할 수 없는 때에 가정법원은 당사자의 청구에 의하여 당사자 쌍방의 협력으로 이룩한 재산의 액수 기타 사정을 참작하여 분할의 액수와 방법을 정한다.
③ 제1항의 재산분할 청구권은 이혼한 날부터 2년을 경과한 때에는 소멸한다.

질문7 법원에서 사실혼 관계를 인정받지 못하면, 타인 증여와 똑같나요?

법원에서 사실혼 관계를 인정받지 못하면 재산분할도 인정받지 못합니다. 당연히 타인 증여로 간주하여 증여세가 부과됩니다. 이런 경우에는 배우자 증여재산 공제나 배우자 상속공제도 적용되지 않습니다.

질문8 외국에 있는 재산은 어떻게 평가하나요?

외국에 있는 상속 또는 증여 재산의 평가는 국내재산의 평가규정을 적용합니다. 다만, 국내재산의 평가규정을 적용하는 것이 부적절한 경우에는 당해 재산이 소재하는 국가에서 양도소득세, 상속세 및 증여세 등의 부과목적으로 평가한 가액으로 합니다.

만약 앞의 규정에 의한 평가액이 없는 경우에는 세무서장 등이 둘 이상의 국내 또는 외국의 감정기관(주식등 평가의 경우에는 기획재정부령으로 정하는 신용평가전문기관, 공인회계사법에 따른 회계법인 또는 세무사법에 따른 세무법인 포함)에 의뢰하여 감정한 가액을 참작하여 평가한 가액으로 합니다.

국외재산의 가액은 평가기준일 현재 외국환거래법에 의한 기준환율 또는 재정환율로 환산합니다. 주식도 상증법에 따라 평가하여 해외 현지 재무제표를 원화로 환산해 평가하여야 하지만, 중국 및 베트남의 경우에는 거래되는 토지 및 건물의 가액이 상당히 높지만 토지 소유권이 국가에 있어 실제 평가액이 낮아지는 현상이 발생할 수 있습니다. 특히 가업승계의 경우 이러한 평가 방법이 쟁점이 될 수 있으므로, 향후 추가 과세되는 위험을 방지하기 위해서는 토지 소유권을 관할하는 곳의 임대료를 이용하는 등 적절한 시세를 반영해야 합니다.

질문 9 증여세와 상속세를 나눠서 낼 수 있나요?

분할 납부하는 방법에는 분납과 연부연납(年賦延納)이 있습니다. 분납은 납부기한 경과 후, 2개월 이내에 나눠 내는 것이고, 연부연납은 최장 5년 이내에 나눠 내는 것입니다. 최근 S그룹 총수도 연부연납 제도를 활용해 12조의 상속세를 5년에 걸쳐 나눠 내고 있습니다. 증여세는 연부연납 기간이 최장 5년 그대로인데, 상속세는 2022년부터 그 기간이 최장 10년으로 바뀌었습니다.

🏦 분납 : 1천만원 초과시, 납부기한 후 2개월 내에 나눠 내는 것

① 납부세액 1천만원 초과 2천만원 이하: 1천만원 초과금액
② 납부세액 2천만원 초과: 세액의 100분의 50 이하의 금액

🏦 연부연납 : 담보자산 제공 후, 5년(상속세는 10년) 이내에 나눠 내는 것

납세지 관할세무서장은 상속세나 증여세 납부세액이 2천만원을 초과하는 경우에 납세의무자의 신청을 받아 연부연납을 허가할 수 있습니다. 이 경우 납세의무자는 담보를 제공해야 합니다.

납세의무자가 세무서 공무원과 사전에 조율된 납세담보(부동산, 주식 등)를 제공하여 연부연납 허가를 신청하는 경우, 그 신청일에 연부연납을 허가받은 것으로 봅니다. 증여세의 경우 연부연납 기간은 5년 이내여야 하고, 각 회분의 분할납부 세액이 1천만원을 초과하도록 연부연납 기간을 정해야 합니다. 예를 들어 증여세가 4천 5백만원이라면 4년까지만 분할 납부가 가능합니다.

질문 10 **재산을 시가보다 높거나 낮게 매매하는 경우에도 증여세가 부과되나요?**

증여세 과세 대상입니다. 다만 특수관계인이냐 아니냐에 따라 과세 내역이 달라집니다.

특수관계인 간의 거래

특수관계인 간에 재산을 시가보다 낮은 가액으로 양수하거나 시가보다 높은 가액으로 양도한 경우로서, 대가와 시가의 차액이 기준금액(시가의 30%와 3억원 중 적은 금액) 이상인 경우에 증여세가 과세됩니다. 이때는 해당 재산의 양수일 또는 양도일을 증여일로 하여, 그 대가와 시가의 차액에서 기준금액을 뺀 금액을 그 이익을 얻은 자의 증여재산 가액으로 하여 증여세를 과세합니다.

예를 들어 아버지와 아들이 9억짜리 아파트를 5억에 거래했다면, 대가와 시가의 차이는 4억원이고 여기서 기준금액(시가의 30%인 2.7억과 3억 중 적은 금액인 2.7억)을 뺀 1.3억원을 증여 가액으로 봅니다.

특수관계인이 아닌 사람 간의 거래

거래의 관행상 정당한 사유 없이 재산을 시가보다 현저히 낮은 가액으로 양수하거나 현저히 높은 가액으로 양도한 경우로서, 그 대가와 시가의 차액이 기준금액(시가의 30%) 이상인 경우 과세됩니다. 이때는 해당 재산의 양수일 또는 양도일을 증여일로 하여 그 대가와 시가의 차액에서 3억원을 뺀 금액을 이익을 얻은 자의 증여재산 가액으로 하여 증여세를 과세합니다. 지인끼리 9억짜리 아파트를 5억에 거래했다면, 대가와 시가의 차이

4억원에서 기준금액 3억원을 뺀 1억원이 증여 가액입니다.

　과세 당국에서 고의성이 있다고 판단한다면 납세자의 소명이 확실한 경우를 제외하고는 과세된다고 보면 됩니다. 다만 부동산의 경우, 세무당국은 감정평가법인 두 군데 이상의 감정을 요청해 그것을 근거로 판단하는 일이 많습니다.

질문 11 상속 및 증여 재산을 평가할 때 시가는 어떻게 산정하나요?

상속세 및 증여세법상 재산은 원칙적으로 상속개시일 또는 증여일 현재의 시가에 의해 평가합니다. 시가를 산정하기 어려운 경우에는 당해 재산의 종류 · 규모 · 거래상황 등을 감안하여 규정된 보완적 방법에 의하여 평가합니다. 시가란 통상 불특정 다수인 사이에 자유로이 거래가 이루어지는 경우에 성립된다고 인정되는 가액을 말하는 것이며, 평가기준일 전후 6월(증여재산의 경우에는 평가기준일 전 6개월부터 평가기준일 후 3개월까지) 이내의 기간 중 옆의 표에서 확인되는 매매 · 감정 · 수용 · 경매 또는 공매가액을 시가에 포함합니다.

질문 12 토지와 건물에 공시된 가격이 없는 경우에는 어떻게 하나요?

토지의 평가는 「부동산 가격공시에 관한 법률」에 따른 개별공시지가(이하 "개별공시지가"라 한다)로 합니다. 다만 개별공시지가가 없는 토지의 가액은 납세지 관할세무서장이 인근 유사 토지의 개별공시지가를 고려하여 대통령령으로 정하는 방법으로 평가한 금액으로 하고, 지가가 급등하는 지역으로서 대통령령으로 정하는 지역의 토지 가액은 배율 방법으로 평가한 가액으로 합니다.

일차적으로 개별공시지가로 하되 개별공시지가가 없는 토지는 관할 세무서장이 지방세법상 평가가액으로 평가한다는 의미입니다. 즉 재산세

시가에 포함되는 가격들

① 당해 재산에 대해 매매 사실이 있는 경우: 그 거래가액. 다만 특수관계자와의 거래 등 그 거래가액이 객관적으로 부당하다고 인정되는 경우는 제외

② 당해 재산(주식 및 출자지분은 제외)에 대하여, 두 군데 이상의 공신력 있는 감정기관이 평가한 감정가액이 있는 경우: 그 감정가액의 평균액. 다만 2018.4.1 이후 감정평가 의뢰분부터 소득세법상 기준시가가 10억원 이하인 부동산은 하나의 감정가액도 인정

③ 당해 재산에 대하여 수용·경매 또는 공매 사실이 있는 경우: 그 보상가액·경매가액 또는 공매가액. 다만 물납한 재산을 상속인 또는 그의 특수관계인이 공매·경매 받은 경우 그 공매·경매 가액은 시가로 보지 않는다.

④ 평가기간 중 상속·증여재산과 면적·위치·용도·종목·기준시가가 동일하거나 유사한 다른 재산에 대한 매매·감정가액 등이 있는 경우: 당해 가액(다만 유사 매매 사례 가액은 해당 자산의 매매·감정·수용·경매·공매 가액이 없을 때만 적용)

⑤ 평가기준일 전 6월을 경과하고 2년 이내의 기간 또는 신고기한 경과 후부터 결정기한까지의 기간 중에 매매·감정·보상·경매 또는 공매가액 등이 있는 경우에도 평가기준일부터 계약일 등까지의 기간 동안 가격 변동의 특별한 사정이 없다고 인정되는 때에는 당해 매매가액 등은 평가심의위원회의 심의를 거쳐 시가에 포함

⑥ 시가 적용시 판단기준일은 거래의 경우에는 매매계약일, 감정의 경우에는 가격산정 기준일과 감정평가서 작성일이며 보상가액은 보상가액이 결정된 날이다. 시가로 보는 가액이 둘 이상인 경우에는 평가기준일로부터 가장 가까운 날에 해당하는 가액으로 한다.

산정에 사용된 평가가액으로 한다고 보면 됩니다. 이 평가가액(지방세법 상 용어는 시가표준액)은 '부동산 가격공시에 관한 법률'에 따라 공시된 가격으로 토지가격 기준표를 사용하여 산정된 가격이며, 이 금액을 징세에 사용하는 것입니다.

🔘 건물(오피스텔과 주택은 제외)

신축 가격, 구조, 용도, 위치, 신축 연도 등을 고려하여 매년 1회 이상 국세청장이 산정·고시하는 '기준시가'로 합니다. 지방세법상 '시가표준액'으로 평가한다고 봐도 무방합니다. 시가표준액은 매년 1월 1일을 기준으로 과세대상별 특성을 고려해 행정안전부 장관이 정하는 기준입니다. 다만 기준시가가 시가표준액을 반영하고 있지 못하다고 판단되는 경우, 감정평가를 요구하여 감정가액으로 할 수 있습니다.

🔘 오피스텔 및 상업용 건물

국세청장이 지정하는 지역에 위치하면서 국세청장이 토지와 건물에 대하여 일괄 산정·고시한 가액이 있는 경우 그 고시한 가액으로 평가합니다. 국세청장이 일괄 산정·고시한 가액이 없는 경우에는 앞에서 설명한 '건물'처럼 토지와 건물을 별도로 평가한 가액으로 합니다. 시청, 군청 및 구청에서는 모든 부동산에 대해 재산세를 부과하므로, 과세 표준금액이 존재한다고 보면 됩니다. 다만 거래의 사례나 통상적인 금액에서 많이 벗어난다고 판단되는 경우라면 감정평가서를 요구하면 됩니다.

매매시 거래가액을 낮추면 향후 부담할 양도소득세가 높아지므로, 최근에는 매수자가 취득세를 적게 납부하기 위해 거래가액을 낮추는 경우가 거의 없습니다. 또한 사실과 다른 계약서를 작성할 경우 벌금 납부 등 처벌이 따르므로 이런 시도를 해서는 안 됩니다.

💰 임대차계약이 체결된 재산

평가기준일 현재 토지와 건물별로 ①과 ②를 비교하여 큰 금액을 평가 가액으로 합니다.

① 토지는 개별공시지가, 건물은 기준시가(각 재산에 대한 보완적 평가액)

② 1년간의 임대료를 환산율(12%)로 나눈 금액에 임대보증금을 더한 금액
(토지와 건물의 기준시가로 안분한 금액을 말함)

예를 들어, 보증금 5억원에 월 임대료가 200만원이라면 ②의 평가가액은 7억원으로 계산된다.

[200만원×12÷12%=2억원] + 5억원 = 7억원

필수상식

국세청 홈택스에서 기준시가 조회하기

인터넷 홈택스에 들어가 재산 종류를 선택하고 주소를 입력하면 해당 가액이 산출된다. 어떤 물건은 구 주소를 알아야 하거나 면적을 기입해야 하니 등기부등본을 준비하면 편리하다. 주택의 경우에는 각 지자체의 인터넷사이트에 과세시가표준액과 용도 등이 등재되어 있는 경우도 있다.

유의사항

• 주소 입력시 공란이 없어야 한다.
• 도로명주소 입력시 띄어쓰기가 잘못되면 검색이 되지 않는다.
  예) 테헤란로78길 (○), 테헤란로 78길 (×)

질문 13 타인의 채무를 대신 변제하거나 인수한 경우 증여세가 부과되나요?

타인에게 금전을 빌려주고 받지 않는 경우, 또는 타인의 채무를 대신 변제하는 것은 금전을 증여한 것과 동일한 경제적 효과가 있으므로 증여세 과세 대상으로 규정하고 있습니다. 증여의 시기는 경우에 따라 달리 봅니다. 채무 면제는 채권자의 면제 의사 표시가 있는 때입니다. 채무 인수는 채무 인수 계약으로 채무 인수가 이루어지는 때를 계약 체결일로 보고, 제3자가 대신 채무 변제한 경우에는 변제일로 봅니다.

질문 14 타인이 주식을 취득할 때 명의를 빌려주었는데 이런 경우도 증여세가 과세되나요?

권리의 이전이나 행사에 등기 등이 필요한 재산(토지와 건물은 제외)에 있어서, 실제 소유자와 명의자가 다른 경우가 있습니다. 이때는 그 명의자로 등기 등을 한 날의 재산 가액(명의개서를 하여야 하는 재산인 경우에는 소유권 취득일을 기준으로 평가한 가액)을 실제 소유자가 명의자에게 증여한 것으로 보고 증여세를 부과합니다.

예외적인 상황이 인정되기는 하지만, 조세 회피 목적이 아니면서 불가피한 경우는 현실적으로 존재하기 어렵습니다.

또한 명의신탁 재산을 증여의제로 보는 바(명의자가 영리법인인 경우 포함) 실제 소유자가 증여세를 부담해야 합니다. 단, 명의신탁 재산의 증여의제 규정에 따라 실제 소유자를 납세 의무자로 보는 규정은 2019.1.1. 이후 증여로 간주되는 부분부터 적용됩니다. 2019.1.1. 이전에 실제 소유자가 소유권을 취득하였으나 명의개서를 하지 아니하여 2019.1.1. 이후 증여

로 간주되는 부분에 대해서는 종전의 규정에 따라 명의 수탁자와 실제 소
유자가 연대하여 납세 의무를 집니다.

하지만 현실에서는 실제 소유자가 납부할 수밖에 없습니다. 이름만 빌
려준 명의 수탁자가 세금을 낼 이유가 없기 때문입니다. 결론적으로, 타
인 명의의 주식은 하루 빨리 본인 명의로 수정해야 합니다.

질문15 무상으로 빌려준 돈에도 증여세가 과세되나요?

타인으로부터 금전을 무상으로 또는 소득세법상 적정이자율(현재는 4.6%)
보다 낮은 이자율로 대출받는 경우, 그 금전을 대출받는 날에 증여가 발
생한 것으로 봅니다. 다만 정상적인 이자와 낮은 이자의 차이 금액이 1천
만원 미만인 경우는 제외합니다.

증여세가 부과되는 대상 금액은 무상 대여의 경우 대출금액에 적정이
자율을 곱한 금액입니다. 적정이자율보다 낮은 이자율로 대여한 경우에
는 대출금액에 적정이자율을 곱한 금액에서 실제 지급한 이자율을 뺀 금
액입니다. 아래에 2가지 사례를 제시했으니 확인해보세요.

① 2억원을 무상 대여한 경우

증여세 부과 대상 금액 = 2억원 × 적정이자율(4.6%)

계산하면 9,200,000원으로 1천만원 미만이므로 증여세 과세 대상이 아
닙니다.

② 10억원을 1% 이자율로 대여한 경우

증여세 부과 대상 금액 = [10억원 × 적정이자율(4.6%)] − [10억원 × 1%]

계산하면 36,000,000원이므로 증여세 과세 대상입니다.

무상 대여로서 기간이 적시되지 않은 경우에는 1년마다 갱신하는 것으로 간주합니다. 특수관계자가 아닌 경우에는 거래 상황을 파악하여 정당한 이유가 있으면 적용하지 않습니다.

질문16 장애인이 재산을 증여받는 경우 과세되지 않는 것으로 알고 있는데, 장애인 등급만 있으면 가능한가요?

상증법상 장애인이라 하면 '장애인 고용촉진 및 직업재활법'에 의한 중증 장애인을 말하는 것으로 다음의 세 가지 경우에 해당되어야 합니다.

즉 근로 능력이 현저하게 상실된 사람으로서 대통령령이 정하는 기준에 해당하는 사람, 5·18 민주화운동 관련자 보상 등에 관한 법률에 따라 장애등급 3급 이상으로 판정된 사람, 고엽제 후유증 환자로서 장애등급을 판정을 받은 사람입니다. 앞의 3가지 경우만 열거되어 있으므로, 장애등급이 있다고 해서 모두 해당되지는 않습니다.

앞에서 말한 장애인이 재산('자본시장과 금융투자업에 관한 법률'에 따른 신탁업자에게 신탁할 수 있는 재산으로서 금전·유가증권·부동산을 말함)을 증여받고, 그 재산을 본인을 수익자로 하여 신탁한 경우로서 해당 신탁(일반적으로 "자익신탁"이라 함)이 요건을 모두 충족하는 경우에는 그 증여받은 재산가액은 증여세 과세가 되지 않습니다.

그 요건은 '자본시장과 금융투자업에 관한 법률'에 따른 신탁업자에게 신탁되었을 것, 그 장애인이 신탁의 이익 전부를 받는 수익자일 것, 신탁기간이 그 장애인이 사망할 때까지로 되어 있을 것, 장애인이 사망하기 전에 수익자를 변경할 수 없어야 할 것이며, 이 비과세 한도는 5억원입니다.

질문 17 증여세가 면제되는 경우가 있나요?

상속 및 증여세법에 있는 저가양수 및 고가양도에 따라 증여로 보는 사례, 채무 면제에 따라 증여로 보는 사례, 부동산을 무상으로 사용하는 경우 증여로 간주하는 사례, 대출시 이자를 받지 않는 사례 등은 증여로 보아 과세하는 것이 원칙입니다. 단, 수증자가 세금을 납부할 재산이 없는 경우에는 세금의 일부 또는 전부를 면제합니다. 증여를 받은 자라 할지라도 재산이 없다고 소명되는 경우, 즉 사실상 세금을 납부할 수 없는 명백한 경우에는 세금이 면제된다는 뜻입니다.

질문 18 증여세 계산시 10년간 증여받은 것이 누적된다고 알고 있는데, 누적 계산되지 않는 경우도 있나요?

양도소득세 과세 대상인 주식, 일시적 증여와 직접 증여가 아닌 증여로 간주되는 것, 그리고 특정한 증여가 이에 해당됩니다. 단 가족 간의 누적적 증여는 모두 포함됩니다. 다음에 열거하는 누적되지 않는 경우를 제외하고는 모두 누적된다고 판단하면 됩니다.

ⓦ 증여세가 누적되지 않는 경우

① 증여 재산가액 계산의 일반 원칙 중 재산 취득 후 재산 가치의 증가
② 전환사채 등에 의하여 주식으로의 전환 · 교환 또는 주식 인수를 하거나 전환사채 등을 양도함으로써 얻은 이익 · 주식 또는 출자지분의 상장 등에 따른 이익의 증여
③ 합병에 따른 상장 등 이익의 증여
④ 미성년자 등이 타인의 기여에 의하여 얻은 재산가치 증가 이익

⑤ 재산 취득자금 등의 증여 추정

⑥ 명의신탁재산의 증여의제

⑦ 특수관계법인과의 거래를 통한 이익의 증여의제(일감 몰아주기 과세)

⑧ 특수관계법인으로부터 제공받은 사업기회로 발생한 이익의 증여의제

⑨ 영농자녀가 증여받은 농지 등으로서 증여세가 감면된 재산가액

⑩ 증여세 과세특례가 적용된 창업자금

⑪ 증여세 과세특례가 적용된 가업을 승계한 기업주식의 가액

질문 19 법인과 거래하는 경우 그 법인의 주주에게 증여세가 과세될 수 있나요?

상속 및 증여세법에서는 특정법인과의 거래를 통한 이익의 증여의제 규정을 두고 있습니다. 특정법인이란 세법에서만 사용하는 용어로서 지배주주와 그 친족이 직접 또는 간접으로 보유하는 주식 비율이 100분의 30 이상인 법인을 말합니다.

이 특정법인이 지배주주의 특수관계인과 세법에 규정된 거래를 하는 경우에는 거래한 날을 증여일로 봅니다. 또한 특정법인의 이익[특정법인이 얻은 이익 − (법인세 산출세액 × 특정법인이 얻은 이익 / 각사업연도 소득금액)]에 특정법인의 지배주주 등의 주식 보유비율을 곱하여 계산한 금액을 그 특정법인의 지배주주 등이 증여받은 것으로 봅니다.

질문 20 공익법인에 재산을 양도하면 증여세를 납부하지 않아도 된다고 알고 있습니다. 공익법인에 재산을 양도하고 그 대가로 공익법인으로부터 어떤 혜택을 받아도 되나요?

질문과 같은 방법에 의해 공익법인 출연자가 어떠한 혜택을 입는다면 공익법인의 대표와 출연자 모두 형사처벌 대상이 될 소지가 있습니다. 또는 해당 금액에 대하여 수혜자에겐 증여세가 부과됩니다. 따라서 절대 해서는 안 될 방법입니다.

질문 21 공익과 선행을 위해 공익법인에 출연하는 경우라면 상속세가 부과되지 않나요?

상속재산 중 피상속인 또는 상속인이 종교·자선·학술 기타 공익사업을 영위하는 공익법인 등에 상속세 신고기한 이내에 출연한 재산의 가액은 상속세 과세 가액에 산입하지 않습니다. 다만 공익과 선행을 앞세워 탈세 수단으로 악용하는 사례를 방지하기 위하여, 과세 가액에 불산입하기 위한 일정한 요건 및 규제조항을 두고 있습니다. 즉 조건부로 과세 가액에 불산입한 후, 이에 저촉될 때에는 증여세 또는 상속세를 추징하는 것입니다.

🆆 피상속인이 출연하는 경우 불산입 요건

피상속인이 유증 등에 의하여 공익법인 등에 출연하는 경우에는 상속세 신고기한까지 출연한 경우에 한합니다. 다만, 법령상 또는 행정상 사유로 출연재산의 소유권 이전이 지연되거나 공익법인의 설립 허가 등이 지연되는 경우에는 그 사유가 없어진 날이 속하는 달의 말일부터 6개월 이내에 출연하여야 합니다.

🅦 상속인이 출연하는 경우 불산입 요건

상속인이 상속받은 재산을 출연한 경우에는 다음의 3가지 요건이 충족되어야 합니다.

① 상속인의 의사에 따라 상속받은 재산을 신고기한까지 출연할 것
② 상속인이 공익법인 등의 이사 현원(5인에 미달하는 경우에는 5인으로 본다)의 5분의 1을 초과하여 이사가 되지 아니하여야 할 것
③ 상속인이 공익법인 등의 이사회 선임 등 사업 운영에 관한 중요사항을 결정할 권한을 가지지 아니할 것

질문 22 공익법인 출연시 어떤 경우에 증여세를 내나요?

공익법인 등에 출연한 재산 가액은 증여세 과세 가액에 산입하지 않습니다. 다만 주식으로 출자한 경우는 예외입니다. 사실상 공익법인을 통해 해당 회사를 지배하기 위해 출자하는 경우, 즉 일정 비율 이상을 공익법인에 출자하면 그 해당 비율 이상의 금액에 대해서는 증여세를 납부하게 됩니다. 이 외에도 상증세법 규정상 다음의 5가지 경우에는 공익법인에 기부하였더라도 증여세를 부과합니다.

① 출연 받은 재산을 직접 공익목적사업 등의 용도 외에 사용하거나 출연 받은 날로부터 3년 이내에 직접 공익목적사업 등에 사용하지 아니하거나 3년 이후 직접 공익목적사업 등에 계속하여 사용하지 아니하는 경우
② 출연 받은 재산 및 출연 받은 재산의 매각대금을 내국법인의 주식 등을 취득하는 데 사용하는 경우로서 그 취득하는 주식과 이미 보유하고 있는 주식 등을 합한 것이 그 내국법인의 의결권 있는 발행주식 총수 등의

필수
상식

공익법인 등의 3가지 의무

공익 명분으로 소중한 돈을 함부로 쓰면 안 된다는 취지로 공익법인은 다음의 3가지를 수행해야 한다. 즉 전용계좌 사용, 세무확인, 외부감사의 의무이다.

① 공익목적용 전용계좌 사용 의무

공익법인 등은 직접 공익목적사업과 관련하여 지급받거나 지급하는 수입과 지출의 경우에 직접 공익목적용 전용계좌를 사용해야 한다. 이는 금융회사 등에 개설한 계좌일 것, 공익법인 등의 공익목적사업 외의 용도로 사용되지 아니할 것을 전제로 하며, 납세지 관할 세무서장에게 전용계좌 개설 신고서를 제출해야 한다.
전용계좌를 사용하지 않으면 수입금액의 일부 또는 거래금액의 일부가 가산세로 징수된다. 이러한 전용계좌 개설 의무는 관리적 측면에서 공익법인의 누수가 없도록 하기 위한 조치이다.

② 외부전문가의 세무확인 의무

공익법인은 외부전문가로서 2명 이상의 변호사, 공인회계사 또는 세무사를 선임하여 매년 4월 말까지 세무확인을 받아야 한다. 세무확인을 받는 영역은 출연 받은 재산의 공익적 목적으로의 사용 여부, 수익사업의 적정성 여부, 장부의 작성·비치 의무의 준수 여부 및 공익법인 등의 수혜자 선정의 적정성 여부 등이다. 여기서 이상한 사실이 발견되면 관할 정부기관에 통보하도록 되어 있다.
다만 공익법인 중 재산 가액이 5억원 미만이거나 특정인과 그 가족이 출연한 금액이 5% 미만이거나 국가가 주로 재산을 출연하여 감사원의 감독을 받는 경우에는 면제된다.

③ 외부감사 의무

상증법상 공익법인은 공인회계사에 의한 외부감사 의무도 수행해야 한다. 따라서 대부분의 공익법인은 감사보고서를 관할 세무서에 제출할 의무가 있다.

43

10%를 초과하는 경우. 즉 기업의 지배권을 강화하기 위한 방법으로 출연함으로써 증여세 또는 상속세를 회피하고자 하는 목적으로 간주되는 경우

③ 재산을 수익용 또는 수익사업용으로 운용하는 경우로서 그 운용소득을 직접 공익목적사업 외에 사용한 경우

④ 출연 받은 재산을 매각하고 그 매각대금을 매각한 날로부터 3년이 지난 날까지 대통령령으로 정하는 바에 따라 사용하지 아니한 경우

⑤ 공익법인이 대통령령으로 정하는 출연 재산 가액에 100분의 1을 곱하여 계산한 금액에 상당하는 금액에 미달하여 직접 공익목적사업에 사용한 경우

장학재단을 설립하여 실제 보유 현금을 장학금으로 지급하지 아니하고 예금하고 있거나 계열사 주식을 산 경우 등이 이에 해당됩니다. 또한 공익법인 등이 출연 받은 재산, 출연 받은 재산을 원본으로 취득한 재산, 출연 받은 재산의 매각대금 등을 출연자 및 그 친족, 출연자가 출연한 다른 공익법인 및 이들과 특수관계에 있는 자에게 임대차, 소비대차 및 사용대차 등의 방법으로 사용·수익하게 하는 경우에는 해당 금액을 공익법인 등으로부터 증여받은 것으로 보아 즉시 증여세를 부과합니다.

세무사가 가장 많이 듣는
상속세 질문 사례 17

상속 문제는 늘 갑작스럽게 다가온다. 갑자기 맞닥뜨린 상황에 당황하다 보면 충분히 절세할 수 있는 기회를 놓치기 쉽다. 나중에 아차 하고 후회 해봤자 아무 소용이 없다. 세무사 입장에서 가장 많이 상담하게 되는 문제 들을 추려 보았다.

질문1 부모님의 사망 보험금도 상속세 과세 대상인가요?

피상속인의 사망으로 인하여 지급받는 생명보험이나 손해보험의 보험금 으로서 피상속인이 보험계약자이거나 실질적으로 보험료를 불입한 보험 계약에 의하여 지급받는 것은 상속재산으로 보아 상속세를 부과합니다.

간단하게 정리하면 보험료 불입자가 '부' 또는 '모'일 경우에 보험료 불입자

유형	보험료 불입자	보험 계약자	피보험자	보험금 수익자	보험 사고	과세 여부
1	부	부	부	자녀	부 사망	상속세
2	부	부	모	자녀	모 사망	증여세
3	부	자녀	부	자녀	부 사망	상속세
4	자녀	자녀	부, 모	자녀	부, 모 사망	과세 안 됨
5	부, 모	부, 모, 자녀	부, 모, 자녀	자녀	연금 지급 개시	증여세

가 사고를 당하면 자녀가 받는 금액은 상속세 과세 대상입니다. 단, 표의 유형2처럼 부모 중 보험료 불입자가 아닌 자가 사망하여 보험금을 자녀가 수령하면 모로부터 상속되는 금액이 아니므로, 증여세 과세 대상으로 보아 증여세가 과세됩니다.

질문 2 부동산과 현금 외에도 상속세가 과세되나요?

사망한 사람(피상속인)에게 귀속되는 재산으로서, 금전으로 환가할 수 있는 경제적 가치가 있는 물건과 재산적 가치가 있는 법률상·사실상 권리를 상속세 과세대상이라고 합니다. 여기에는 본래의 상속재산, 간주상속재산, 추정상속재산이 있습니다.

ⓦ 본래의 상속재산

상속개시 당시 피상속인이 현실적으로 소유하고 있는 경제적 가치가 있는 물건과 재산적 가치가 있는 법률상·사실상의 권리입니다. 피상속인이 유증 또는 사인증여한 재산, 상속개시 전 10년 이내에 상속인에게 진 증여채무와 상속개시전 5년 이내에 상속인이 아닌 자에게 진 증여채무, 이행 중에 사망한 경우의 당해 증여재산, 특별연고자에 대한 분여재산, 유언대용

신탁, 수익자연속신탁 모두 상속세 과세대상에 해당합니다. 결론적으로 '상속재산에 포함될 것 같다'라고 생각되는 모든 것이 포함된다고 보면 됩니다.

🎰 간주상속재산

상속 · 유증 및 사인증여라는 법률상 원인에 의하여 취득한 재산은 아니지만, 상속 등에 의한 재산 취득과 동일한 결과가 발생하여 상속재산으로 간주하는 재산을 말합니다.

법률용어인 유증(遺贈)은 유언에 의해 사망 이후 증여가 발생하는 것, 사인증여(死因贈與)는 사망을 원인으로 증여가 발생하는 것인데, 세법적으로는 모두 상속과 같다고 봐도 됩니다. 상속재산은 아니지만 상속으로 간주하는 대표적 사례는 다음과 같습니다.

① 보험금: 피상속인의 사망으로 인하여 지급받는 생명보험 또는 손해보험의 보험금으로서 피상속인이 보험계약자이거나 보험료를 지불한 경우
② 신탁재산: 피상속인이 신탁한 재산
③ 퇴직금, 연금 등: 퇴직금, 퇴직수당, 공로금, 연금 또는 이와 유사한 것으로서 피상속인에게 지급될 것이 피상속인의 사망으로 인하여 지급되는 금액

🎰 추정상속재산

상속개시일 전에 피상속인이 처분한 재산 또는 부담한 채무로서 일정 금액을 초과하고 그 용도가 객관적으로 명백하지 아니한 경우, 이를 상속인

이 상속 받은 것으로 추정하여 상속세 과세가액에 산입하는 것입니다. 쉽게 말해 피상속인이 미리 상속한 것으로 추정하는 재산으로 다음과 같습니다.

① 상속개시일 전 처분재산 및 인출금액이 아래 기간과 금액일 때
- 1년 이내: 재산 종류별로 2억원 이상인 경우
- 2년 이내: 재산 종류별로 5억원 이상인 경우

② 상속개시일 전 국가·금융기관 이외에 부담한 채무가 다음 기간과 금액일 때
- 1년 이내: 부담채무 합계액이 2억원 이상인 경우
- 2년 이내: 부담채무 합계액이 5억원 이상인 경우

③ 사용처를 소명하지 못한 금액에서 처분재산가액(또는 부담채무액)의 20%와 2억원 중 적은 금액을 차감한 후의 금액

국가·지방자치단체·금융기관 이외의 자에게 부담한 채무로서 채무부담계약서, 채권자 확인서, 담보설정 및 이자지급에 관한 증빙 등에 의하여 상속인이 변제할 의무가 없는 것으로 추정되면 전액 상속세 과세가액에 산입합니다. 즉 고의적이거나 불명확한 점이 있는 경우입니다. 일례로 피상속인이 평소 충분한 현금을 갖고 있는데도 자신의 물건에 지인의 근저당권을 설정하고 부채로 처리하면 인정되지 않는다는 의미입니다.

질문 3 주식 가치는 20% 할증한다는 것이 무슨 뜻인가요?

상증법을 적용할 때 최대주주 또는 최대출자자 및 그의 특수관계인에 해

당하는 주주 등(이하 "최대주주 등"이라 함)의 주식 등에 대해서는 평가한 가액의 100분의 20을 가산합니다. 최대주주에겐 경영권 프리미엄이 있으며 주가를 올려 회사를 매각하고 프리미엄을 받는 경우가 있기 때문이라고 판단됩니다. 하지만 경영권이란 것이 주식 평가액을 무조건 높게 해야 되는 이유가 아니므로 논리적 근거는 약합니다. 최근 정부에서 할증 평가를 없앤다는 언론 보도가 있으나 아직 확정되지는 않았습니다.

ⓦ 상증법상 할증 평가하지 않는 경우

① 평가기준일이 속하는 사업연도 전 3년 이내의 사업연도부터 계속하여 결손금이 있는 경우

② 평가기준일 전후 6개월 이내의 기간 중 최대주주 등이 보유하는 주식 등이 전부 매각된 경우

③ 평가기준일부터 소급하여 3년 이내에 사업을 개시한 법인으로서 사업 개시일이 속하는 사업연도부터 평가기준일이 속하는 사업연도의 직전사업연도까지 각 사업연도의 기업회계기준에 의한 영업이익이 모두 영 이하인 경우

④ 법인의 청산이 확정된 경우

⑤ 최대주주 등이 보유하고 있는 주식을 최대주주 등 외의 자가 상속 또는 증여받은 경우로서 상속 또는 증여로 인하여 최대주주 등에 해당되지 아니하는 경우

⑥ 중소기업이 발행한 주식: 중소기업 및 2023년 세법이 개정되면서 추가된 것으로 직전 3개년 매출액 평균이 5천억원 미만인 '중견기업 성장촉진 및 경쟁력 강화에 관한 특별법'상 중견기업이 발행한 주식

질문 4 동거주택의 상속공제를 위해 갖춰야 할 요건을 알려주세요.

상증세법에 따르면 거주자의 사망으로 상속이 개시되는 경우로서 다음 각 호의 요건을 모두 갖춘 경우에는 상속주택 가액 전부를 상속세 과세가액에서 공제합니다. 다만 공제 금액은 6억원을 한도로 합니다. 최근 주택 가격 상승으로 주택 가액이 공제한도인 6억원보다 높은 경우가 대부분이어서 공제금액 한도에 유의해야 합니다.

① 피상속인과 상속인이 상속개시일로부터 소급하여 10년 이상(상속인이 미성년자인 기간은 제외) 계속하여 하나의 주택에서 동거할 것
② 피상속인과 상속인이 상속개시일로부터 소급하여 10년 이상 계속하여 1세대를 구성하면서 대통령령이 정하는 1세대 1주택에 해당할 것. 이 경우 무주택인 기간이 있다면, 해당 기간은 본 1세대 1주택에 해당하는 기간에 포함한다.
③ 상속개시일 현재 무주택자이거나 피상속인과 공동으로 1세대 1주택을 보유한 자로서 피상속인과 동거한 상속인이 상속받은 주택일 것

질문 5 상속세가 비과세되는 것은 어떤 경우인가요?

과세 대상에서 제외하는 것과 비과세는 개념이 다릅니다. 비과세란 국가가 처음부터 조세에 대한 채권을 포기하여 상속세 과세를 원천적으로 배제하는 것을 말합니다.

상속세 비과세 대상은 피상속인 자체에 대하여 비과세 하는 것과 일정한 상속재산에 대하여 비과세 하는 것으로 구분합니다. 다음에 열거하는 상속재산에 대하여는 공익목적 또는 사회정책적 목적에서 상속세를 부과하

지 않습니다.

① 국가 · 지방자치단체 또는 공공단체(지방자치단체조합, 공공도서관, 공공박물관)에 유증(사인증여 포함)한 재산

② 문화재보호법의 규정에 의한 국가지정문화재 및 시 · 도 지정문화재와 같은 법의 규정에 의한 문화재 또는 문화재자료가 속하여 있는 보호구역의 토지

③ 피상속인이 제사를 주재하고 있던 선조의 분묘에 속한 9,900㎡ 이내의 금양임야 및 분묘에 속하는 1,980㎡ 이내의 묘토인 농지(2억원 한도), 족보 및 제구(1천만원 한도). 단, 제사를 주재하는 상속인이 승계한 합계 면적을 기준으로 적용

④ 정당법의 규정에 의해 정당에 유증 등을 한 재산

⑤ 근로복지기본법에 따른 사내근로복지기금, 근로복지기본법에 따른 우리사주조합, 공동근로복지기금이나 근로복지진흥기금에 유증 등을 한 재산

⑥ 사회통념상 인정되는 이재구호금품, 치료비, 기타 불우한 자를 돕기 위하여 유증한 재산

⑦ 상속재산 중 상속인이 신고기한 이내에 국가 · 지방자치단체 또는 공공단체에 증여한 재산

질문 6 │ 상속세는 언제부터 납부할 의무가 발생하나요?

기본적으로 상속세는 상속개시일(사망일)부터 납세의무가 성립됩니다. 상속개시일이 중요한 이유는 납세의무 성립일이기도 하지만 상속세 과세대

상 재산 판정 및 평가 기준일이 되며, 또한 상속세 납세의무가 있는 상속인의 결정 및 상속세 신고기한 등의 기준일이 되기 때문입니다. 부모와 자녀가 동시에 사망한 경우, 상속 기준일을 둘러싸고 소송전이 벌어지기도 합니다.

구체적 상속개시일은 다음과 같습니다.

① 자연적 사망: 실제로 사망 사실이 발생한 시점
② 실종선고: 실종선고일(민법은 실종기간의 만료일에 사망한 것으로 간주하나 상증법에서는 실종선고일을 사망일로 함)
③ 인정사망: 가족관계등록부에 기재된 사망 연, 월, 일, 시, 분
④ 부재선고: 법원의 부재선고일
④ 동시사망: 2인 이상이 동일한 위난으로 사망한 경우로서 사망 시점의 선후가 불분명한 경우 동시 사망으로 추정

질문 7 상속재산을 파악하기 힘들 때는 어떻게 해야 하나요?

상속이 개시된 후 상속재산을 파악하기 위한 방법에 대해 알려드리겠습니다. 가장 쉽게 이용할 수 있는 것이 '안심상속 원스톱 서비스'입니다. 한번에 여러 가지 상속재산을 확인할 수 있다는 것이 장점입니다. 이 외에 금융재산 조회와 토지 소유 조회도 이용할 수 있습니다.

그러나 문제는 앞의 방법으로 조회되지 않는 개인간 채권 · 채무입니다. 따라서 상속인들은 생전에 피상속인과의 대화를 통해 이러한 채권 · 채무를 파악하고 있어야 합니다. 장례식장에 채권자들은 나타나도 채무자들은 오지 않는 법입니다.

ⓦ 안심상속 원스톱 서비스

돌아가신 분의 상속재산을 조회하는 가장 기본적인 사망자 재산 조회 방법입니다. 이는 근처 관공서를 방문해 신청하면 됩니다. 돌아가신 분의 사망신고부터 금융거래 내역, 국민연금 관련 내용, 자동차 및 토지 현황까지 손쉽게 조회가 가능합니다. 상속재산의 종류에 따라서 7~20일 후에 조회 결과를 확인할 수 있습니다.

① 신청장소 및 준비물: 전국 시, 구, 읍, 면, 동의 관공서, 신청인 신분증 지참
② 신청기간: 피상속인의 사망일이 속한 달의 말일로부터 6개월 이내
③ 신청인: 최선순위 상속인(1순위 상속인이 없으면 2순위 상속인이나 3순위 상속인)
④ 상속재산 조회 범위: 돌아가신 분의 금융거래, 국세, 지방세, 토지, 자동차 등의 내역

ⓦ e-금융민원센터의 상속인 조회 서비스

돌아가신 분의 금융재산과 채무는 일괄 조회가 가능합니다. 금융위원회와 금융감독원이 공동으로 운영하는 e-금융민원센터 사이트의 '상속인 조회' 서비스를 이용하면 됩니다. 일부 조회가 불가능한 금융사(마을금고, 협동조합, 신용금고 등)가 있을 수 있으니 그런 부분은 직접 문의해야 합니다.

신청일로부터 일주일 정도 후부터 문자나 홈페이지에서 조회 결과를 확인할 수 있습니다(3개월간 가능). 금융회사는 조회 신청 사실을 통보받으면, 통상 해당 계좌에 대해 임의로 거래 정지 조치를 취하게 되므로 거래가 제한될 수 있습니다. 이후 상속인 전원의 청구에 의해 거래가 가능해집니다.

① 신청장소: 금융감독원, 전 은행, 각 보험사, 서울시청 열린민원실(방문 접수)

② 신청인: 상속인, 상속인의 대리인

③ 조회대상: 사망자 명의의 모든 예금과 금융채권, 채무정보

🪙 토지 소유 조회

① 신청장소: 시, 군, 구청 민원과

② 신청인: 상속인과 상속인의 대리인

③ 준비서류: 상속인이 직접 신청할 경우에는 제적등본, 가족관계증명서, 기본증명서, 상속인 신분증(상속인의 대리인이 신청할 경우에는 앞의 서류에 더해 위임장, 인감증명서, 대리인 신분증이 필요). 여기서 대리인이란 대부분 상속세 신고를 대행해 주는 회계사와 세무사를 말함.

질문 8 상속받을 재산보다 채무가 많은데, 어떻게 해야 하나요?

상속이 개시되면 피상속인의 재산상 모든 것(일신전속─身專屬적인 것을 제외하고)이 법률상 포괄적으로 상속인에게 승계됩니다. 상속인의 의사와는 관계가 없습니다. 그러나 상속재산보다 부채가 많은 경우, 상속인의 의사를 무시하고 포괄 승계함으로써 가혹한 결과가 발생할 수 있습니다. 이러한 경우에 '상속포기'와 '한정승인' 등의 민법상 제도를 이용할 수 있습니다.

🪙 단순승인

피상속인의 권리 · 의무를 무제한 · 무조건으로 승계하는 것입니다. 민법에서는 상속인이 의사 표시 없이 3개월의 고려기간이 경과하면, 단순승인

한 것으로 봅니다. 상속인이 단순승인을 하면 제한 없이 피상속인의 권리 의무를 승계하게 됩니다. 즉, 피상속인의 채무를 상속재산으로 변제할 수 없으면 자신의 재산으로 변제해야 합니다.

ⓦ 한정승인

상속인이 상속받은 재산의 한도 안에서만 피상속인의 채무와 유증을 변제하겠다는 조건으로 상속을 승인하는 것을 말합니다. 이를 위해서는 상속개시를 인지한 날로부터 3개월 이내에 상속재산의 목록을 첨부하여 상속개시지의 가정법원에 한정승인 신고를 해야 합니다. 상속재산 목록을 작성하면서 고의로 일부 재산을 누락한다면 한정승인은 무효가 되고 단순승인을 한 것으로 간주합니다. 따라서 의도했든 의도하지 않았든 주의해야 합니다.

ⓦ 상속포기

상속인으로서의 효력인 피상속인의 재산에 대한 모든 권리·의무의 승계를 부인하고, 상속개시 시점부터 상속인이 아닌 것과 같은 효력을 발생하려는 단독의 의사 표시입니다. 이를 위해서는 상속개시를 인지한 날로부터 3개월 이내에 가정법원에 상속포기 신고를 해야 합니다.

상속포기 시 주의해야 할 2가지 포인트

① 상속의 승인이나 포기를 한 경우 번복 불가능

3개월의 고려기간 이내라고 해도 승인이나 포기 의사 표시를 했다면 번복이 불가능하다. 이는 상속인들 간의 법적 안정성을 도모하기 위해서이다.

② 상속포기 시에도 상속세 발생 가능

상속인이 상속포기를 하는 경우에도 상속 및 증여 세법상 상속세가 발생할 수 있다. 물론 상속세가 발생할 정도의 재산을 상속받을 사람이 상속을 포기하는 경우는 거의 없다고 봐야 한다.

질문 9 **영농상속인이 농지 등을 상속받을 때, 어떻게 해야 영농상속공제를 받을 수 있나요?**

'영농'이란 한국표준산업분류에 따른 농업, 임업 및 어업을 주된 업종으로 영위하는 것을 말합니다. 상속세 및 증여세법에 따라 피상속인이 아래의 요건을 모두 충족하는 경우에 20억원까지 공제가 가능합니다

💲 영농상속공제를 받기 위한 조건

① 「소득세법」을 적용받는 영농: 다음 각 목의 요건을 모두 갖춘 경우

가. 상속개시일 2년 전부터 계속하여 직접 영농에 종사할 것. 다만, 상속개시일 2년 전부터 직접 영농에 종사한 경우로서 상속개시일로부터 소급하여 2년에 해당하는 날부터 상속개시일까지의 기간 중 질병의 요양으로 직접 영농에 종사하지 못한 기간 및 '공익사업을 위한 토지 등의

취득 및 보상에 관한 법률'이나 그 밖의 법률에 따른 협의매수 또는 수용으로 인하여 직접 영농에 종사하지 못한 기간은 직접 영농에 종사한 기간으로 본다.

나. 농지·초지·산림지가 소재하는 시에 거주하거나 어선의 선적지 또는 어장에 가장 가까운 연안의 시·군·구, 그와 연접한 시·군·구 또는 해당 선적지나 연안으로부터 직선거리 30킬로미터 이내에 거주할 것

② '법인세법'을 적용받는 영농: 다음 각 목의 요건을 모두 갖춘 경우

가. 상속개시일 2년 전부터 계속하여 해당 기업을 경영할 것. 계속할 수 없는 타당한 사유가 있는 경우는 이를 감안하여 결정

나. 법인의 최대주주 등으로서 본인과 그 특수관계인의 주식 등을 합하여 해당 법인의 발행주식총수 등의 100분의 50 이상을 계속해 보유할 것

🏵️ 영농상속의 상속인이 갖춰야 할 조건

상속개시일 현재 18세 이상으로서 2년이상 해당 가업에 종사하여야 하고 상속세 과세표준 신고기한까지 임원으로 취임하고, 상속세 신고기한부터 2년 이내에 대표이사 등으로 취임하는 등 요건을 충족하는 경우에 적용한다. 또한 당연히 가업상속 공제와 중복하여 공제하지 않는다.

질문 10 조부모로부터 손자 손녀에게 바로 상속하면 어떻게 되나요?

피상속인의 자녀를 제외한 직계비속이 상속인(혹은 수유자)인 경우, 상속세가 가산됩니다. 상속세 산출세액에 상속재산 중 그 상속인 또는 수유자가 받았거나 받을 재산이 차지하는 비율을 곱한 금액의 100분의 30에 상당하는 금액을 가산합니다.

만약 피상속인의 자녀를 제외한 직계비속이면서 동시에 미성년자일 경우, 상속인 또는 수유자가 받았거나 받을 상속재산의 가액이 20억원을 초과한 다면 100분의 40에 상당하는 금액을 가산합니다.

할아버지가 성년 손자 A와 미성년 손자 B에게 상속한다고 가정해봅시다. 상속세 산출세액이 1억원이라면 A는 절반인 5천만원에서 30% 가산된 6천5백만원, B는 절반인 5천만원에서 40% 가산된 7천만원을 상속세로 납부해야 합니다. 다만, 직계존속이 이미 사망한 상태인 대습상속의 경우에는 해당되지 않습니다.

질문 11 상속에서 '일괄공제'란 무엇인가요?

거주자의 사망으로 인하여 상속이 개시되는 경우에 상속인의 인적 구성에 따른 항목별 공제(기초공제, 자녀 · 미성년자 · 연로자 · 장애인 공제) 대신 일정 금액까지 일괄적으로 공제해 주는 제도입니다. 일괄공제액은 5억원이며, 배우자상속공제와는 별도로 적용됩니다.

🅦 배우자와 미성년(나이 각 13세, 9세) 자녀 2인에게 상속할 경우

항목별 공제의 경우, 기초공제 2억 + 자녀공제 1억(2인 × 5천만원) + 미성년자공제 1억6천만원을 더하면 4억6천만원이 됩니다. 항목별 공제보다 일괄공제 5억원이 크므로, 일괄공제 5억원을 선택해 공제하면 됩니다. 이와 별도로 5억원의 배우자공제를 받을 수 있습니다.

따라서 배우자와 미성년 자녀 2인에게 상속할 경우, 통상 일괄공제 5억, 배우자공제 5억을 합쳐 10억원까지를 상속세 과세가액에서 공제할 수 있습니다.

🏛 피상속인의 법정상속인이 배우자 단독인 경우

이때는 일괄공제를 선택할 수 없고, 기초공제 및 기타 인적공제의 합계액만 공제합니다. 단, 공동상속인이 상속을 포기하거나 또는 협의분할에 의하여 배우자가 단독으로 재산을 상속받게 된 경우에는 일괄공제 5억원을 적용받을 수 있습니다. 상속세 과세표준 신고가 없는 경우에도 일괄공제를 적용합니다.

질문 12 상속세가 기초공제액 이하면 과세되지 않나요?

기초공제란 상속세 과세가액에서 피상속인별로 공제되는 일괄 금액입니다. 거주자 또는 비거주자의 사망으로 상속이 개시되는 경우에는 상속세 과세가액에서 2억원을 공제합니다. 따라서 과세가액이 2억원 이하라면 상속세가 과세되지 않습니다.

종전에는 국내 거주자에 한하여 기초공제를 적용하였으나 2000년 12월 29일 법 개정시 비거주자인 경우에도 기초공제를 적용하도록 개정되었습니다. 예전 상속법에서는 1억원의 기초공제와 추가로 종합한도 1억원의 물적공제를 규정하였으나, 1996년 12월 30일 상속법 전면 개정에 따라 기초공제액은 일괄 2억원이 적용되고 있습니다.

질문 13 상속세를 잘못 신고했습니다. 경정청구가 가능한가요?

상속세 과세표준 및 세액을 신고한 자 또는 상속세 과세표준 및 세액의 결정 또는 경정을 받은 자로서 다음의 사유가 발생한 경우에는 그 사유가 발생한 날부터 6개월 이내에 결정 또는 경정을 청구할 수 있습니다. 하지만 현실에서는 유류분 반환 청구 시에만 경정이 가능합니다.

💰 경정청구가 가능한 경우

① 피상속인 또는 상속인과 그 외의 제3자와의 분쟁으로 인한 상속재산에 대한 상속회복 청구소송의 확정판결로 인하여, 상속개시일 현재 상속인 간에 상속재산 가액이 변동된 경우, 즉 서로 다툼을 벌였다가 합의한 경우 등

② 상속개시 후 1년이 되는 날까지 상속재산이 수용·경매(민사집행법에 의한 경매를 말함) 또는 공매된 경우로서 그 보상가액·경매가액 또는 공매가액이 상속세 과세가액보다 하락한 경우, 즉 금액이 많이 하락하여 재신고하는 경우

③ 상속세 및 증여세법 제63조 제3항의 규정에 의하여 주식 등을 할증평가하였으나, 상속개시 후 1년이 되는 날까지 일괄하여 매각(피상속인 및 상속인의 친족에게 일괄 매각한 경우 제외)함으로써 최대주주 등의 주식에 해당되지 아니하는 경우. 이때는 할증 평가된 가액만이 경정청구 대상이 됩니다.

질문 14 가정법원에서 판사의 중재 아래 이혼이 확정되었으나, 호적이 정리되기 전에 배우자가 사망했습니다. 이 경우 배우자 상속공제가 가능한가요? 또한 재산분할청구로 취득한 재산도 상속세를 내야 하나요?

질문의 사례에서는 배우자 상속공제를 적용 받을 수 없으며, 피상속인이 생전에 배우자에게 증여한 재산은 상속세 과세가액에 산입합니다. 즉 현재는 배우자가 아니더라도 배우자였던 시점에서 증여한 재산은 상속세 과세대상입니다.

단, 이혼 시 이혼한 자의 일방이 민법의 재산분할청구권을 행사하여 취득한 재산은(조세 포탈의 목적이 있다고 인정할 경우를 제외하고는) 증여재산에 해당되지 않습니다. 따라서 상속세 과세가액에 합산하지 않습니다.

질문 15 할아버지 생전에 손자가 재산을 증여받았고 할아버지가 돌아가신 후에는 상속받은 것이 없습니다. 이때 상속세 납부 의무가 있나요?

할아버지 사망 후 손자의 부모가 상속을 받는다면, 손자는 상속인이 아니므로 상속세 납부 의무가 없습니다. 그런데 손자의 부모가 사망한 경우라면, 할아버지의 재산을 직접 받은 것이므로 상속세 납부의무가 존재합니다. 즉, 손자의 부모가 사망한 상태에서 할아버지 사망 전에 증여를 받았다면 상속세 과세대상에 포함됩니다.

질문 16 공익법인 등에 출연한 재산에 대해서는 상속세가 과세되지 않는다고 알고 있는데, 그 요건은 무엇인가요?

상증세법 제16조에 따르면, 상속재산 중 피상속인이나 상속인이 종교 · 자선 · 학술 관련 사업 등 공익 목적의 사업을 하는 자에게 출연한 재산의 가액으로서 상속세 신고기한까지 출연한 재산의 가액은 상속세 과세가액에 산입하지 않습니다.

단, 출연하는 주식이 내국법인의 의결권 있는 주식 또는 출자지분으로서 특수관계인이 소유하고 있는 부분까지 합하여 총 발행주식의 10%를 초과하는 경우, 초과 부분에 대해서는 상속세를 부과합니다. 이는 피상속인의 자녀가 공익법인의 재단이사장직을 수행함으로써 상속세를 납부하지 아니하고 회사에 대한 지배권을 유지하는 결과를 방지하기 위한 조치입니다.

향후에는 공익법인의 과세 합리화를 위해 공익법인이 출연 받아 보유하고 있는 주식에 대하여 배당권과 의결권을 분리하는 방안, 공익법인이 출연 받은 주식에 대하여 증여세를 과세하는 경우 공익법인을 통하여 영리 내국법인을 지배하려는 목적을 가진 것이라는 점을 과세 관청이 입증하는

발행주식의 10% 초과 예외 조항

일부 회사의 주식에 대해서는 10%가 아닌 20%를 적용합니다. 이 경우는 출연 받은 주식 등의 의결권을 행사하지 아니하거나 자선·장학 또는 사회복지를 목적으로만 하는 경우에 해당됩니다. 또한 '독점규제 및 공정거래에 관한 법률' 제31조에 따른 상호출자제한기업집단과 특수관계에 있는 공익법인 등은 5%로 제한됩니다. 따라서 공익법인의 성격 및 해당 회사의 특성 등에 따라 보유 비율이 정해지며 그 이상 비율에 해당되는 금액은 상속세가 과세됩니다. 이렇게 실제 공익법인에 대해서도 많은 제한을 두고 있으므로 주의해야 합니다.

경우에 한정하여 규정하는 방안, 공익법인에 대한 주식출연 제한 비율을 현행보다 완화하는 방안, 과세가액 산입 제외 관련 법 규정을 명확히 하는 방안, 공익법인이 출연 받은 주식에 대하여 실질과세를 적용하는 방안이 필요할 수 있습니다.

질문 17 상증세법에서 말하는 '평가심의위원회'는 무엇인가요?

상속세 및 증여세 평가금액에 대한 논란에 대응하기 위해, 국세청 또는 지방국세청별로 구성된 조직을 말합니다. 국세청에서는 평가심의위원회 운영규정을 만들어 운영하고 있으며 평가심의위원회는 내부위원과 외부위원으로 구성됩니다.

상속(증여)세 과세표준 신고 시 재산을 과소평가하여 추가로 납부하는 세액에 대해서는 일반적으로 납부지연 가산세가 붙습니다. 하지만 이미 신고 납부한 경우로서 평가금액에 대한 논란으로 인해 평가심의위원회를 거쳐 평가금액, 과세표준, 세액을 다시 결정·경정한 경우에는 가산세가 붙지 않습니다.

ⓦ 평가심의위원회가 하는 일

① 재산의 가액에 대한 시가 인정 심의 신청 절차 규정

② 비상장주식의 가액 평가 및 평가방법 규정

③ 시가 불인정 감정기관 지정

④ 가업상속 공제 및 가업의 승계에 대한 증여세 과세특례 사후 관리 시 업종변경 승인 여부

⑤ 오피스텔·상업용건물의 기준시가 및 건물 기준시가 산정 방법 고시를 위한 자문 등에 필요한 사항 규정

CHAPTER
02

같은 듯 다른
증여세와 상속세

받는 사람 중심의
증여세

증여세에서 꼭 알아야 할 개념 3가지

　모든 세금에서 문제가 되는 것은 과세가액이다. 증여세와 상속세는 언뜻 비슷해보이지만, 세금을 산출하는 구조 자체가 다르다. 쉽게 말해 증여세는 재산을 받는 사람 입장에서 계산하고, 상속세는 재산을 주는 사람 입장에서 계산한다.

　예를 들어보자. 아버지가 3명의 자녀에게 증여를 한다면, 3명의 자녀 각자는 증여 받은 금액에 대한 증여세를 낸다. 반면 아버지가 사망해 3명의

자녀에게 상속을 한다면, 일단 전체 상속재산에 대한 상속세를 낸 후 나머지를 자녀들이 나누는 것이다.

증여세 계산에서 중요한 개념이 합산과세, 동일인, 그리고 합산배제이다. 누구나 짐작할 수 있듯이 합산을 할수록 세율이 높아지기 때문에, 합산을 하느냐 하지 않느냐는 매우 중요하다. 지금부터 하나하나 알아보자.

🅦 증여재산 합산과세란?

쪼개기 증여로 누진세율을 피하려는 편법을 막기 위한 제도이다. 동일인으로부터 증여받은 경우 금번 증여재산과 이미 증여한 증여재산의 합계액이 이번 증여일 전 10년 이내 1천만원 이상에 해당한다면 합산하여 과세하는 것을 말한다.

10년 이내에 증여한 재산을 모두 합한 과세표준액에 따른 세율로 증여세를 다시 계산하고, 여기서 이전에 낸 증여세를 제외한 금액을 납부하게된다. 세금에 있어서 합산이나 누적은 달가운 일이 아니다. 적은 금액이 합산되더라도 누진율 구간이 달라지면 부담이 커지기 때문이다.

🅦 동일인이란?

앞에서 말한 합산과세는 동일인으로부터 증여받는 경우에 해당한다. 그런데 상속세 및 증여세법상 부부는 동일인이다. 즉 아버지와 어머니는 동일인이고, 할아버지와 할머니도 동일인이다. 할아버지와 아버지는 동일인이 아니다.

즉 할아버지와 할머니에게 각각 증여를 받더라도 세법상 동일한 사람에게 증여받은 것으로 간주한다. 다만, 아버지나 어머니가 재혼을 했다면,

아버지와 계모 또는 어머니와 계부는 동일인으로 보지 않는다. 따라서 각각 계산한다.

한편 증여재산을 취득하는 데 소요된 부대비용을 증여자가 부담하는 경우에는 그 부대비용도 증여가액에 포함한다. 즉 아버지가 아들에게 부동산을 증여했는데, 아들이 취득세를 낼 능력이 없어 취득세까지 내주었다면, 취득세도 당연히 증여가액에 포함되는 것이다.

🅦 합산배제란?

예외적으로 상속세 및 증여세법상 10년간 누적하지 않는, 즉 합산에서 배제하는 증여재산이 존재한다. 이는 다른 증여 과세가액에 포함시키지 않고 별도의 증여세를 부과하는데 그 대상은 다음과 같다. 법인과 주식 관련 거래를 하지 않는 일반 개인에게는 거의 해당사항이 없으므로 크게 신경 쓸 일은 아니다.

① 저가양수 및 고가양도에 따른 이익의 증여
② 전환사채 등의 주식전환으로 전환 · 교환 또는 주식의 인수를 하거나 전환사채 등을 양도함으로써 얻는 이익의 증여
③ 주식 또는 출자지분의 상장 등에 따른 이익의 증여
④ 합병에 따른 상장 등에서 생긴 이익의 증여
⑤ 재산 취득 후 재산가치 증가에 따른 이익의 증여
⑥ 특수관계법인과의 거래를 통한 이익의 증여 및 특수관계법인으로부터 제공받은 사업 기회로 발생한 이익의 증여의제

표1 | 증여세 계산법

항목		
과세가액	증여재산가액	
	(−) 비과세 증여재산가액	
	(+) 증여재산 가산금액	
	(−)차감금액	과세가액 불산입재산
		채무
	증여재산 과세가액	
과표차감	증여재산공제	
	재해손실공제	
	증여재산 감정평가수수료	
	증여세 과세표준	
	(×) 증여세 세율	
	산출세액	
	(−) 세액공제	
	납부세액	

증여세를 직접 계산해보자

지금부터 사례를 통해 증여세를 직접 계산해보려고 한다. 여러 사람에게 여러 차례에 걸쳐 증여를 받았다면 일목요연하게 볼 수 있도록 증여 상황표를 만든 다음 계산하는 것이 편리하다. 증여세 계산에서 자녀의 소득이 없는 경우는 특히 중요하다. 증여에 따른 증여세를 낼 능력이 없다는 이야기이므로 그 금액까지 증여해야 되기 때문이다.

여러 사람에게 여러 차례 증여 받은 경우

A는 할아버지, 할머니, 아버지, 어머니로부터 다음 표와 같이 증여를 받았다. 최근의 증여는 2023년 12월 31일 어머니에게 받은 주식이다. 금번 증여에 따른 증여세 계산 시 합산과세되는 증여재산은 얼마일까?

증여세 합산과세는 동일인에게만 해당된다. 할아버지, 할머니에게 받은 증여는 상관이 없다. 동일인인 아버지, 어머니에게 받은 재산 중 10년 내 규정에 포함되는 것은 2015년 어머니에게 받은 상가뿐이다. 따라서 금번 합산되는 과세표준은 5억원이다.

표2 | A의 증여 상황표

증여자	증여일	증여재산	증여재산 평가액
할아버지	2020년 1월 1일	토지	5억원
할머니	2011년 6월 30일	아파트	10억원
아버지	2010년 12월 1일	예금	4억원
어머니	2015년 9월 30일	상가	2억원
어머니	2023년 12월 31일	주식	3억원

소득 없는 자녀에게 증여하는 방법 4가지

B는 현재 58세이고 1남1녀의 아버지다. B의 현재 자산은 총 60억원인데 직업이 없이 놀고 있는 두 자녀에게 사업이라도 하라는 의미로 각각 30억씩 증여하기로 결심했다. 어떻게 증여하는 것이 가장 절세할 수 있는 방법일까?

우선 자녀에게 30억씩 단번에 증여할 때의 단순 증여세를 계산해보면, 60억원 증여 시 무려 20억원에 가까운 세금을 내야 한다. 백수인 자녀들이 증여세를 낼 능력이 안 될 것은 뻔하므로 증여세를 낼 돈까지 증여해야 하기 때문이다. B가 단순 증여할 경우, 그리고 증여세를 낼 돈까지 증여할 경우를 비교해보자.

표3 | B가 현금 30억씩 단순 증여할 경우

	자녀1	자녀2	자녀 2인 합
현금증여액	3,000,000,000	3,000,000,000	6,000,000,000
증여공제	(−) 50,000,000	(−) 50,000,000	(−) 100,000,000
과세표준	2,950,000,000	2,950,000,000	5,900,000,000
세율	40%	40%	
산출세액	1,020,000,000	1,020,000,000	2,040,000,000
신고세액공제	30,600,000	30,600,000	61,200,000
납부세액	989,400,000	989,400,000	1,978,800,000
실질세율	33.0%	33.0%	
순증여액	2,010,600,000	2,010,600,000	4,021,200,000

표4 | B가 증여세 낼 돈까지 증여할 경우

	자녀1	자녀2	자녀 2인 합
현금증여액	2,287,175,800	2,287,175,800	4,574,351,600
세율	40%	40%	
납부세액	712,824,210	712,824,210	1,425,648,421
실질세율	31.2%	31.2%	
순증여액	1,574,351,590	1,574,351,590	
증여세 증여			
증여세증여액	712,824,210	712,824,210	1,425,648,421
세율	40%	40%	
납부세액	276,575,794	276,575,794	553,151,587
실질세율	33.0%	33.0%	
순증여액	2,010,600,006	2,010,600,006	4,021,200,013

표3과 표4를 통해, 증여세까지 증여하는 경우와 증여세를 제외하고 증여하는 경우를 비교할 수 있다. 결과적으로는 증여에 따른 증여세까지 부담하는 경우에도 실질 귀속은 40% 세율로 동일하다. 만약 증여세 증

여액이 이전 세율 구간을 벗어나 다음 세율 구간에 해당된다면 위의 사례와 달리 부담이 더 커질 것으로 판단된다. 따라서 증여세 납부 자금을 미리 확보하는 것이 필수다.

앞에서 설명했듯이 증여에 있어서 10년은 매우 중요한 기준이다. 30억을 한번에 증여하는 것이 아니라 10년에 한 번씩 3회에 걸쳐 증여하면 훨씬 유리하다는 의미다. 표5에서 볼 수 있듯이 분산증여를 통해 절약할 수 있는 돈은 7억원에 달한다.

그러나 3회에 나누어 30억을 증여하기란 현실적으로 어렵다. 자녀에게 몇십 년을 기다리라고 할 수도 없다. 자녀들 대부분은 '차라리 세금 더 내고 말지'라고 생각할 것이다. 그렇다면 다른 방법은 없는 걸까? 방법이 있다!

표5 | B가 10년에 10억씩 3회 분산증여할 경우

	자녀1(1회분)	자녀2(1회분)	자녀 2인 합(1회분)
현금증여액	1,000,000,000	1,000,000,000	2,000,000,000
증여공제	(−) 50,000,000	(−) 50,000,000	(−) 100,000,000
과세표준	950,000,000	950,000,000	1,900,000,000
세율	30%	30%	
산출세액	225,000,000	225,000,000	450,000,000
신고세액공제	6,750,000	6,750,000	13,500,000
납부세액	218,250,000	218,250,000	436,500,000
실질세율	21.8%	21.8%	
순증여액	781,750,000	781,750,000	1,563,500,000
3회분 합계			
현금증여액	3,000,000,000	3,000,000,000	6,000,000,000
납부세액	654,750,000	654,750,000	1,309,500,000
순증여액	2,345,250,000	2,345,250,000	4,690,500,000

오십에 시작하는 증여 플랜

만약 B가 자녀에게 각 10억원씩만 증여하고 각 20억원을 은행에 예치한다고 해보자. 자녀들은 은행에 예치한 자금을 담보로 차입해서 사용할 수 있다. B의 은행예금 이자율이 4%, 두 자녀의 차입 이자율이 5%라고 가정하고 증여세를 계산한 것이 표6이다.

표6 | B의 은행 예금을 담보로 차입하는 경우

	자녀1 (10억 현금증여)	자녀2 (10억 현금증여)	자녀 2인 합
현금증여액	1,000,000,000	1,000,000,000	2,000,000,000
증여공제	(−) 50,000,000	(−) 50,000,000	(−) 100,000,000
과세표준	950,000,000	950,000,000	1,900,000,000
세율	30%	30%	
산출세액	225,000,000	225,000,000	450,000,000
신고세액공제	6,750,000	6,750,000	13,500,000
납부세액	218,250,000	218,250,000	436,500,000
실질세율	21.8%	21.8%	
순증여액	781,750,000	781,750,000	1,563,500,000
예금 예치 (각 20억)			
예금	2,000,000,000	2,000,000,000	4,000,000,000
담보차입	2,000,000,000	2,000,000,000	4,000,000,000
차입금 이자지급액	100,000,000	100,000,000	200,000,000
이자수입	80,000,000	80,000,000	160,000,000
손금(비용) 산입액	22,000,000	22,000,000	44,000,000
비용처리 이익	4,400,000	4,400,000	8,800,000

주) 단 법인세율은 20%로 가정함

표6을 보면, 현금보다는 해당 자금을 은행에 맡기고 이를 담보로 대출받아 쓰는 것이 좋다는 사실을 알 수 있다. 타인의 재산을 담보로 제공받음으로써 얻은 이익 상당액에 대하여 증여세가 과세되지만 [차입금

× 4.6% – 금융기관에 실제 지급한 이자]가 연간 1천만원 이상일 경우에만 해당된다. 즉 금융기관에 지급한 이자가 4.6% 이상이라면 증여세가 과세되지 않는다는 의미다.

사례의 경우 차입 이자율이 5%이므로 증여세는 발생하지 않는다. 이자가 비용으로 처리됨으로써 세금을 줄일 수 있다.

B의 두 자녀는 아버지의 예금을 담보로 쓰다가 10년에 한 번씩 해당 금액을 증여받으면 증여세가 최소화된다. 30억원을 당장 쓸 수 있으면서도 차입금 이자에 대한 손금(損金, 법인세에서 자산 감소의 원인이 되는 원가나 비용, 손실 등) 효과와 증여세 감소 효과를 누릴 수 있는 것이다.

여기까지 읽고 '이것이 최선의 방법!'이라고 감탄할 필요는 없다. 더 좋은 방법이 있기 때문이다. B가 사업 명의를 가지고 대표이사를 역임하면서 사업을 하는 방법이다. 이럴 경우, 가업상속공제 또는 가업승계로 세금을 대폭 절약할 수 있다. 이 내용은 뒤에서 자세히 다룰 예정이다.

증여재산에서 차감되는 항목은?

증여재산에서 차감되는 금액에는 '채무'와 '과세가액 불산입재산'이 있다. 여기서 채무란 증여된 자산에 부여된 채무만 한정하는 것이다. 아파트 전세금, 담보채무로서 부동산 명의이전과 함께 명의가 이전된 것만 포함되며, 증여자의 일반 채무를 이전하는 것은 해당되지 않는다.

과세가액 불산입재산이란 공익법인 출연재산, 공익신탁재산 및 장애인을 위해 신탁한 증여재산과 같이 공익적 차원에서 증여한 것을 말한다.

증여재산, 어떻게 공제받아야 하나?

증여법상에서 '증여자'는 증여를 해주는 사람, '수증자'는 증여를 받는 사람이다. 수증자는 민법이 정한 증여자로부터 '10년' 단위로 해당 증여재산 공제를 적용 받을 수 있다. 증여재산 공제 대상을 알기 위해서는 민법 제768조가 규정하는 친족(배우자, 혈족, 인척)의 개념을 알아두어야 한다. 또한 증여재산 공제는 수증자가 거주자인 경우에만 해당된다는 것도 알아두자.

직계존속, 직계비속이란?

본인의 윗세대, 즉 부모, 조부모, 증조부모, 고조부모뿐만 아니라 어머니 쪽인 외조부모, 외증조부모, 외고조부모 등을 모두 포함한다. 특이한 점은 친부모가 아니라 부모의 재혼 등으로 법률적인 관계가 형성된 부모도 직계존속에 해당한다는 것이다. 또한 본인이 입양되어 현재 법률적 부모가 본인의 친부모가 아닌 경우라 할지라도, 본인의 친부모(생부모)는 직계존속에 포함된다.

한편 직계비속이란 본인의 아랫세대, 즉 자녀, 손자녀, 증손자녀뿐만 아니라 외손자녀, 외증손자녀 등을 모두 포함한다. 직계존속과 마찬가지로 입양 등을 통해 법률적 관계가 형성된 자녀(양자) 역시 직계비속에 포함된다.

혈족과 인척이란?

혈족이란 혈연으로 연결된 관계, 인척이란 혼인으로 연결된 관계를 말한다. 이것만 머릿속에 담고 있으면 복잡한 친족 관계가 선명해진다. 혈족에는 본인의 배우자, 직계존속, 직계비속, 형제자매, 형제자매의 직계비속, 직계존속의 형제자매 및 그 형제자매의 직계비속이 포함된다. 즉 본인의 조카는 물론이고 숙부, 고모, 이모, 외숙부와 그들의 자녀인 본인의 사촌형 제가 포함된다.

한편 인척은 혈족의 배우자, 배우자의 혈족, 배우자의 혈족의 배우자를 말한다.

표7 | 증여재산 인적 공제액

증여자	증여재산 공제액
배우자	6억원
직계존속	5천만원 (미성년자는 2천만원)
직계비속	5천만원
6촌 이내의 혈족, 4촌 이내의 인척	1천만원

표7의 구체적인 공제액을 보면 배우자로부터 받는 경우는 6억원, 직계 존속이나 직계비속으로부터 받는 경우는 5천만원을 공제한다. 직계존속으 로부터 받는 수증자(직계비속)가 미성년자이면 2천만원까지 공제가 가능하 다. 6촌 이내의 혈족이나 4촌 이내의 인척에게 받을 때는 1천만원까지 공 제된다.

여기서 직계존속에는 수증자의 직계존속은 물론 혼인 중인 배우자(사실 혼 제외)의 직계존속도 포함된다. 마찬가지로 직계비속에는 혼인 중인 배우 자의 직계비속도 포함된다. 따라서 계부와 계모에게 증여받는 것이 가능 하고, 사위와 며느리도 증여받을 수 있다.

그런데 증여공제는 10년을 기준으로 한다. 매번 받을 수 있는 것이 아니 란 뜻이다. 할아버지에게 증여공제 5천만원을 받았다면, 10년 내에는 아버지를 포함한 직계존속에게 다시 공제받을 수 없다. 동시에 여러 건을 증여받을 경우에는 똑같이 나눠서 공제한다.

최근 부동산 가격이나 인플레이션을 감안할 때, 우리나라의 증여세 공제액은 굉장히 인색하다. 더군다나 이 한도 금액은 최근 30여 년간 조정되지 않았다. 수억 또는 수십억을 유학 등 교육비로 지출하는 상류층 가정을 생각해보면 증여 공제의 의미에 고개가 갸웃거려진다. 배우자의 증여 공제 6억원이 커 보이지만, 언젠가는 자녀들에게 증여하면서 과세될 금액이므로 세금이 연기되는 효과밖에 없다.

2023년 7월, 정부는 결혼하는 신혼부부의 증여세 공제 한도를 1억 5천만원으로 증액한다고 발표했다. 결혼하는 부부가 양가의 부모로부터 1억 5천만원씩 총 3억원을 증여 받아도 증여세가 과세되지 않는다는 것이다. 수도권 부동산 가격을 감안하면 늦은 감이 없지 않다.

장기간에 걸쳐 여러 차례 증여받은 경우의 공제

현재 32세인 C는 할아버지 등 직계존속으로부터 다음과 같이 증여를 받았다. 현재까지 증여재산 공제를 적용할 수 있는 금액은 얼마일까?

증여자	증여일	증여재산	평가가액
할아버지	2011년 03월 05일	토지	5억
아버지	2012년 09월 19일	주식	2억
고모	2016년 05월 20일	아파트	1억
어머니	2022년 10월 10일	상가	4억

최초 증여인 2011년 할아버지로부터 받은 금액에서 5천만원이 공제되었을 것이므로 2012년 아버지로부터 받은 주식에 대해서는 5천만원을 공제받지 못한다. 2016년 고모로부터 받은 아파트는 '6촌 이내의 혈족'에 해당되어 1천만원이 공제된다. 2022년 어머니로부터 받은 상가는 과거 최초 증여로부터 10년이 지났으므로 다시 5천만원 공제가 가능하다.

30% 할증되는 세대 생략 증여

일반적으로 증여세 산출세액은 과세가액에 세율을 곱해 계산한다. 그런데 세대 생략(세대를 건너뛴) 증여일 경우에는 여기에 30%가 가산되어 산출세액이 산정된다. 쉽게 말해 할아버지로부터 손자에게 증여되면 더 많은 세금을 내야 한다는 뜻이다. 다만, 아버지가 사망한 상태여서 어쩔 수 없이 세대 생략 증여가 이루어지는 경우에는 할증 과세가 적용되지 않는다.

주는 사람 중심의
상속세

　지금부터 많은 사람들이 혼동하고 있는 증여세와 상속세의 차이에 대해 알려드리려고 한다. 증여세는 증여를 받은 사람, 즉 수증자가 개별적으로 납부하는 세금이다. 반면 상속세는 상속을 받은 사람 각자가 납부하는 세금이 아니다. 상속 받은 사람 전체가 공동의 책임으로 연대해서 납부하는 세금이다. 납부 방식에 있어서는 전혀 다른 세금인 것이다. 그런데 세법에서 상속세와 증여세를 같이 다루는 이유는 동일한 세율 체계를 가지고 있기 때문이라 추정된다.

　필자는 많은 분들이 상속세 때문에 고민하시는 것을 지켜봐 왔다. 이런 고민은 빨리 끝내고 고민의 범위도 최소화하는 것이 몸과 마음 모두 편할

	증여	상속
시기	생전에 여러 차례 증여 가능	사망시 한 번에 상속
납세 대상	증여 받은 개인별로 납부	상속 받은 전체가 공동으로 납부
세금의 특징	증여 시점의 가치로 산정되고, 개인별로 분산되므로 과세가액과 세율이 낮아지는 효과	상속 시점의 가치로 산정되고, 상속인 전체가 공동 납부해야 하므로 과세가액과 세율이 올라가는 효과

수 있는 지름길이라 생각한다. 증여와 상속에 있어서 가장 중요한 것은 증여자와 수증자 간의 빠른 합의와 진행이다. 수도권 아파트 가격 상승과 소비자물가 상승율 등 통계지표보다 실제 체감하는 인플레이션율이 훨씬 높기 때문이다.

증여 시점을 미루거나 증여 대신 상속을 선택한다면, 높은 세율 탓에 부동산 평가 차익을 향유하는 이점이 사라진다. 지금부터 상속세의 계산 구조를 알아보려고 하니, 앞에 나온 증여세와 비교해보기 바란다.

표8 | 상속세 과세가액 계산 방법

총 상속재산 가액	본래 상속재산	상속개시일 현재 피상속인 명의 재산
	간주 상속재산	보험금, 신탁재산, 퇴직금 등
	추정 상속재산	• 일정요건에 해당하는 재산처분대가 • 예금 순인출액 및 채무부담가액
(−) 비과세 상속 재산가액		전사자 재산, 제사 주재자의 금양임야[주1] 등
(+) 상속재산 가산금액	사전 증여재산	• 상속개시일 전 10년 이내 상속인에게 증여한 재산 • 상속개시일 전 5년 이내 비(非)상속인에게 증여한 재산
(+)	조특법상 특례증여재산	• 창업자금 또는 가업승계 주식 출자지분

	과세가액 불산입재산	공익법인 출연재산, 공익신탁재산 등
(−) 상속재산 차감금액	채무	상속개시 당시 피상속인이 부담하여야 할 확정 채무(임대보증금, 은행차입금 등)
	공과금	상속개시일 현재 납부 의무가 있는 조세, 공공 요금 등
	장례비용	• 최하 5백만원, 증빙자료 입증시 1천만원 한도 • 봉안시설 또는 자연장지 사용 비용은 증빙자료 입증시 5백만원 한도로 추가공제
상속세 과세가액		

주1) 금양임야(**禁養林野**)란 조상의 묘지가 있는 땅으로서, 대표적인 것이 종갓집에서 관리하는 묘지이다. 이는 매각할 수 없는 땅이므로 과세하지 않는다. 민법에서는 금양임야를 묘마다 1정보(3천평) 이내로 인정하고 있다.

총 상속재산 계산하기

총 상속재산 가액은 앞의 표8에서 볼 수 있듯이 3가지로 구성된다. 즉 본래의 상속재산, 간주상속재산, 추정상속재산이다. 본래의 상속재산은 누구나 알 수 있는 현금이나 부동산을 말한다. '간주'와 '추정'이 붙은 상속재산은 눈에 보이지는 않지만 과세 관청이 상속이 있었다고 '간주'하고 '추정'한다는 의미를 담고 있으므로 상세히 알아두어야 한다.

🅦 본래의 상속재산

상속개시일 현재 피상속인 명의의 재산을 말한다. 예금 및 부동산은 명의가 확실히 적시되어 있으니 문제가 없는데 귀금속, 현금, 서화, 골동품 등은 좀 애매하다. 신고하지 않고 상속인들끼리 나눠 가지는 경우가 대부분이다. 실제로 상속인이 시계, 반지, 보석 등을 신고한 경우는 거의 없다. 이러한 물품은 상속세 과세 대상이긴 하지만, 현실적으로 과세권이 미치지 않는 것으로 봐야 한다.

피상속인의 사망 전후에 피상속인의 매도용 인감증명서를 발급받아 부동산을 본인 명의로 바꾸려고 하는 사람들이 가끔 있다. 또한 돌아가신 분의 통장에서 거액을 찾아 보관하는 사람들도 있다. 결론적으로, 해서는 안 될 일이다. 사망증명서에는 일자와 시간이 적시되어 있기 때문이다. 특히 피상속인 사망과 사망신고까지 시간 차가 있는 것을 이용해 인감증명서 발급에 성공하더라도 나중에 형사처벌 대상이 되니 주의하자.

피상속인의 서화나 골동품이 상당한 가치가 있는 경우, 이를 상속 받아 나중에 매각하겠다고 생각했다면 이후의 자금출처조사를 대비해 반드시 상속세 과세표준에 포함시켜 신고해야 한다. 향후 매각할 때, 매입자료가 없다면 본인 소득으로 간주해 소득세와 가산세를 추징당할 수 있기 때문이다.

💰 간주상속재산

사망일 현재 피상속인이 보유하고 있었던 것은 아니지만 사실상 상속재산인 것을 말한다. 즉 피상속인이 가입해 불입한 보험금, 사망 후 재산 분배 등을 위해 금융기관 또는 신탁회사에 맡겨 둔 신탁자산, 퇴직금 등은 간주상속재산으로서 과세가액에 포함해야 한다.

특히 보험상품은 각각의 특성이 있으므로 상속재산에 포함되는지 포함되지 않는지를 개별적으로 판단해야 한다. 단순하게 보자면 보험료 납입자가 누구인지, 즉 누가 돈을 냈는지가 중요하다. 보험료를 피상속인이 납입하였으면 보험금 수령자 여부에 상관없이 간주상속재산에 포함되고, 보험료를 피상속인이 납입하지 않았으면 보험금 수령자가 상속인이더라도 간주상속재산에 포함되지 않는다.

ⓦ 추정상속재산

상속세 탈세를 막기 위해 만든 제도로, 상속개시일 2년 이내에 피상속인이 재산을 처분한 금액, 통장 인출금액, 은행 등으로부터의 채무부담액 등의 금액이 있으면서 그 사용 내역이 명백하지 아니한 경우는 재산이 있는 것으로 간주하거나 부채가 없는 것으로 간주하여 상속재산에 포함한다는 것이다.

세무 당국이 추정한 상속세를 납부하지 않기 위해서는 상속받은 사람이 객관적인 자료를 가지고 소명해야 한다. 세무 당국이 추정상속재산에 포함시키는 금액은 대략 다음과 같다.

① 1년 이내 재산변동분 중 원인불명분 2억원 이상인 금액
② 2년 이내 재산변동분 중 원인불명분 5억원 이상인 금액

보다 정확하게 말하자면, 사용처가 소명되지 않은 원인불명분이 처분재산가액(또는 부담채무액)의 20%에 해당하는 금액과 2억원 중 적은 금액보다 많다면 그 차액을 추정상속재산으로 한다. 산식은 다음과 같다.

추정상속재산 = (원인불명분) − (①과 ②중 적은 금액)
① (처분 재산가액 or 인출금액 or 채무부담액) × 20%, ② 2억원

사용처 불명 금액과 추정상속재산

아버지가 사망 후 자녀들이 상속세 납부를 위해 통장을 정리하다가 다음의 사항을 발견하였다. 이중 추정상속재산에 포함될 금액은 얼마일까?

① 2022년 12월 31일 사망
② 2022년 9월 1억원 마이너스 통장 개설해 4천만원 인출
③ 2022년 4월 통장 잔고 중 1억 5천만원 출금
④ 2021년 11월 아파트 매각대금 18억원 중 8억원 사용처 불명
⑤ 2019년 7월 오피스텔 매각대금 5억원 중 2억원 입금, 3억원은 사용처 불명

2019년 사용처 불명인 금액은 2년 이상 경과되어 해당사항이 없다. 추정상속재산에 포함되는 금액은 2021년분과 2022년분으로, 앞의 방식에 따라 계산하면 7.82억이 된다.

> 원인불명분 = 8억원 + 1.5억원 + 0.4억원 = 9.9억원
> (9.9억원의 20%는 1.98억원으로 2억원보다 적다.)
> 추정상속재산 = 9.9억원 − 1.98억원 = 7.82억원

가끔은 사용처 불명이었던 금액이 과세관청의 조사를 통해 밝혀지는 경우가 있다. 자신이 수령했다면 가족들에게 미리 밝히고 해당 상속세를 납부하는 것이 가족 화합을 위해 바람직하다. 종종 피상속인 사망 후에 통장에서 지속적으로 자금이 인출된 것을 발견하고, 상속인 사이에 의심이 커지는 경우도 있다. 가끔 피상속인이 요양보호를 하는 분께 큰돈을 주는 일도 있으니, 무엇보다 가족들 간의 솔직한 대화가 필요하다.

사전 증여재산 포함하기

상속세를 계산할 때 사전증여재산을 과세가액에 포함시키는 이유는 조세형평을 위해서다. 피상속자가 상속세를 한푼도 내지 않기 위해 생전에 모든 재산을 자녀와 손자녀에게 증여한 경우, 상대적으로 낮은 세율을 적용받았을 확률이 높다. 모든 재산을 상속한 피상속자가 상대적으로 높은 세금을 부담하게 될 것이다.

물론 사전에 증여받고 납부한 증여세는 상속세 산출세액에서 공제된다. 여기서 유념할 것은 '사전 증여재산을 어떻게 평가하느냐'이다. 평가방법에 따라 증여가 유리한지 상속이 유리한지가 결정되기 때문이다.

🅦 가치 상승이 예상되면 증여가 유리

10년 전 5억짜리 아파트를 증여했다면 5억원의 가치로 증여세를 낼 것이다. 그런데 현재 그 아파트가 10억이 됐다면 10억원의 가치로 상속세를 내야 한다. 세법은 '신고시' 평가가액으로 과세금액을 결정하기 때문이다. 증여세를 납부한 재산에 대해서는 향후 가격이 올라도 해당 금액 그대로 포함되므로, 가치 상승이 예상되는 재산일수록 사전 증여가 유리하다.

상속세법상 '사전 증여재산'에는 상속개시일 전 10년 이내 상속인에게 증여한 재산과 상속개시일 전 5년 이내 비상속인에게 증여한 재산이 포함된다. 따라서 상속인들은 상속세 신고시 증여받은 재산 내역을 공개해야 한다. 앞으로는 상속인이 상속세 누락 신고시 적발되면 가산세를 납부해야 한다. 이 경우, 누락한 당사자가 가산세뿐만 아니라 본세까지 납부하게 되는 경우가 발생할 수도 있다.

🅦 증여나 상속이나 똑같다?

상속 및 증여 업무를 많이 해보지 않은 세무대리인 중에는 증여하더라도 어차피 사전 증여재산이 되어 상속받을 때 다시 계산해야 하니 세금만 빨리 납부하는 것뿐이라고 말하는 분들도 있다. 증여하나 상속하나 도진개진이란 말이다. 이게 맞는 말일까?

상속세 및 증여세는 다른 세금과 차원이 다르다. 즉 시기, 순서, 절차, 대상자 등 모든 면에서 심각한 고민을 해야 한다는 뜻이다. 부가가치세, 법인세, 소득세는 경정청구를 하여 잘못된 부분을 바로잡으면 되지만, 증여세와 상속세는 거래 비용이 높아 다시 되돌릴 수 없다. 지금도 고민 중인 사람이라면 증여와 상속 중에 어떻게 할지 빠른 시일 내에 결정해야 한다. 증여와 상속은 절대 똑같지 않다. 50% 세율이란 말에 두려워할 필요도 없다.

상식적으로 생각해도 증여나 상속에는 자산의 미래가치, 이자율, 수증자의 인생 계획 등 고려해야 할 요소가 많다. 특히 자녀나 손자들에게 자금이 공급되는 시점은 그들의 인생 계획에도 큰 영향을 미친다. 유교 국가인 우리나라에서 부모님 살아생전에 그런 얘기를 꺼내는 것이 불경스럽게 취급되고 있다는 게 문제이다.

🅦 100세 시대의 나비효과

상속과 증여에 있어서 수명 증가는 생각지도 못한 딜레마를 불러왔다. 90세 넘어 세상을 떠나는 것이 흔한 일이 된 요즘, 상속받는 자녀의 나이는

70대와 60대가 된다. 그 나이에 천만금을 받은들 무슨 소용이 있을까?

실제 상담을 하다 보면, 자녀들이 재산을 받지 않으려 한다고 하소연하는 부모님들이 많다. 대부분 자녀가 전문직이어서 먹고사는 데 문제가 없고 나이는 50세 전후인 경우다. 부모님의 재산을 증여받으면 증여세를 납부해야 되고, 부동산인 경우 재산세와 종합부동산세를 부담해야 하며, 상가인 경우는 팔지도 못하고 임대 소득세를 납부해야 하기 때문이다. 받은 재산을 바로 처분할 수 없다면 받지 않겠다는 태세다.

그들은 오히려 자신을 거치지 않고 자신의 자녀에게 격세 상속하기를 희망한다. 물론 손자에게 물려주는 데도 문제가 있다. MZ세대는 할아버지와 할머니가 물려주는 재산에 대해 고마움을 느끼지 않는다. 당연한 권리라고 생각하기 때문이다.

상속재산에서 차감되는 금액

상속재산에서 차감하는 금액으로는 과세가액 불산입재산, 채무, 공과금 및 장례비용이 있다. 과세가액 불산입재산에는 공익법인 출연재산과 공익신탁재산 등이 있는데, 공익적 측면에서 국가에 기부한 것이므로 상속재산에 포함시키지 않는다.

채무는 상속개시 시점에서 피상속인이 부담하여야 할 확정채무다. 주로 주택 및 상가의 임대보증금, 부동산에 저당권이 형성된 은행차입금이다.

표9 │ 상속세 신고납부세액 계산 방법

(−) 상속세 과세가액 차감금액	상속공제	• (기초공제와 그 밖의 인적공제) 또는 (일괄공제), 가업상속공제, 영농상속공제, 배우자상속공제, 금융재산상속공제, 재해손실공제, 동거주택상속공제 • 상속공제 한도규정 있음
	상속재산의 감정평가수수료	• 감정평가업자의 감정평가수수료(상속세 납부 목적용)로서 5백만원 한도(신고 및 납부한 경우) • 평가심의위원회가 비상장주식에 대해 신용평가전문기관에 의뢰한 경우 평가수수료: 평가 대상법인 수 및 의뢰기관 수별로 각각 1천만원 한도 이내
상속세 과제표준		
(×) 세율		10~50%로 5단계 초과 누진세율
산출세액		
(+) 세대생략 가산액(할증세액)		30~40% (대습상속 제외)
최종 산출세액		
(−) 징수유예액		문화재자료 등 징수유예액
(−) 세액공제		증여세액공제, 외국납부세액공제, 신고세액공제 등
(+) 가산세		신고 불성실 가산세, 납부 불성실 가산세 등
납부할 세액		
(−) 분납, 연부연납, 물납		연부연납은 분납과 중복되지 않고, 물납과는 일부 중복 적용됨
신고납부세액		

상속 직전에 급하게 만들어진 채무는 해당 금액이 부인될 수도 있으니 특별히 유념하여야 한다. 장례비용은 장례시 사용한 금액으로 1천만원까지 공제된다.

상속공제와 과세표준 계산하기

상속공제는 기초공제 등 인적공제 항목과 일괄공제 5억원 중 선택하게 되는데 상속인 중 장애인이나 특별한 사정이 있는 경우를 제외하고는 대부분 일괄공제 5억원을 적용한다. 기타 공제로는 가업상속공제, 영농상속공제, 배우자상속공제, 금융재산상속공제, 재해손실세액공제 및 동거주택상속공제가 있는데 자세한 내용은 표10과 표11을 참고하면 된다.

그런데 표10에서 나열한 상속공제액이 무조건 다 공제되는 것은 아니다. 상속공제 종합한도라는 것이 있기 때문이다.

표10 | 상속공제액의 종류 및 범위

[기초공제: 2억, 그 밖의 해당 인적공제] or [일괄공제: 5억]	
기업상속공제: 600억원까지	영농상속공제: 30억원까지
배우자상속공제: 5~30억원	금융재산상속공제: 2억원까지
재해손실공제: 손실금액(구상권 행사금액 제외)	동거주택상속공제: 5억원까지

표11 | 인적공제 한도표

인적공제	내용
자녀공제	1인당 5천만원이 기본, 미성년자는 19세까지 매년 1천만원 추가공제
연로자공제	65세 이상인 경우 1인당 5천만원
장애인공제	1인당 천만원에서 기대 여명 연수까지
일괄공제	5억원 (기초공제와 인적공제를 합한 금액과 일괄공제 중 큰 금액 공제 가능)
배우자공제	배우자 상속액이 5억원 미만인 경우는 5억원까지 공제가능, 5억원 이상은 30억원까지 가능

🌐 상속공제 종합한도란?

상속공제는 그 종류마다 한도가 있지만, 공제를 모두 합한 금액에도 종합한도가 있으므로 주의해야 한다. 상속공제 총액에 캡을 씌운다고 이해하면 된다. 종합한도액을 계산하는 방법은 간단하다. 상속세 과세가액에서 제외되는 아래의 항목을 빼면 되기 때문이다.

① 상속인이 아닌 자에게 유증 등을 한 재산가액
② 상속인의 상속 포기로 그 다음 순위의 상속인이 상속받은 재산의 가액
③ 상속개시일 전 10년 이내 상속인 증여가액에서 증여재산공제 한도액을 차감한 금액
④ 상속개시일전 5년 이내 비상속인 증여가액에서 증여재산공제 한도액을 차감한 금액

4가지 항목 중 ①과 ②는 선순위 상속인이 상속받지 않는 경우에는 공제를 해주지 않겠다는 의미로 읽힌다. 문제는 ③과 ④다. 상속세 과세가액에서 생전에 증여한 금액이 빠지는 것을 알 수 있다. 왜 증여가액을 상속세 과세가액에 넣었다가 도로 빼는 걸까?

상속세 공제한도는 상속시 받는 금액을 한도로 하기 위한 것이므로, 증여로 인한 영향을 제거하여 공제액을 산정한다는 의미다. 만약 공제액이 중복된다면(특히 증여금액이 많은 경우라면) 공제액 한도가 사전 증여재산으로 인해 증가할 수 있어 이를 방지하기 위함이다.

단, 상속공제 종합한도는 상속세 과세가액이 5억원을 초과하는 경우에만 적용된다.

오십에 시작하는 증여 플랜

💲 상속공제 종합한도가 중요한 이유

상속 개시 전에 큰 금액을 급하게 증여하면 일괄공제나 배우자공제 등 기본으로 받을 수 있는 공제까지 못 받게 되는 경우가 발생할 수 있다.

예를 들어, 상속세 과세가액이 10억원인 사람이 아들에게 2억원을 증여하고 1년 뒤 사망했다고 해보자. 상속세 과세가액은 여전히 10억원(증여 2억원 포함)이지만, 상속공제 종합한도는 10억원에서 2억원을 뺀 8억원이 된다. 8억원까지만 공제가 되므로 남은 2억원에 대해서는 세금을 내야 한다는 뜻이다.

만약 증여를 하지 않았다면 일괄공제 5억원, 배우자공제 5억원으로 전액 공제를 받았을 것이다.

세액 확정하기와 나눠 납부하기

상속세 과세표준이 확정되면 해당되는 구간의 세율을 적용하고 누진공제액을 빼서 세액을 확정한다. 세대생략의 경우에는 추가로 30% 또는 40%의 세율이 적용된다는 점을 잊지 말자.

가끔 세대생략의 경우 왜 세금이 할증되는지 궁금해하는 분들이 있다. 그 이유는 간단하다. 부모에게 부과되어야 할 상속세를 납부하지 않는다고 보기 때문이다. 따라서 세대생략으로 상속받는 재산이 총 상속재산 중에 차지하는 비율을 곱하여 계산한 금액의 30%(단, 상속받는 자가 미성년자이

표12 | 상속세 세율표

과세표준	세율	누진공제액
1억원 이하	10%	–
1억원 초과 5억원 이하	20%	1천만원
5억원 초과 10억원 이하	30%	6천만원
10억원 초과 30억원 이하	40%	1억 6천만원
30억원 초과	50%	4억 6천만원

거나 상속재산가액이 20억원을 초과하는 경우는 40%)를 가산한다. 예외적으로 세대생략 상속인의 부모가 사망한 경우에는 적용하지 않는다.

증여세와 마찬가지로 상속세에도 신고세액공제가 있으며, 상속세를 법정신고기한 이내에 신고한 경우에는 신고세액의 3%에 상당하는 신고세액공제를 해준다. 납부 여부와 관계없이 과세표준과 세액을 신고하기만 하면 적용된다.

다른 세금과 마찬가지로 상속세에도 가산세가 적용된다. 무신고 가산세는 해당 산출세액의 20%, 과소신고 가산세는 해당 산출세액의 10%가 적용된다. 납부불성실 가산세는 미납부세액(또는 부족세액) × 지연 일수 × 2.2/10000로 계산한다.

이런 세율과는 별도로 고의적인 부정행위로 세금을 탈루한 경우에는 무신고 가산세와 과소신고 가산세를 세액의 40%로 적용한다. 부정행위라 함은 단순실수나 법 적용상 오류가 아니라 고의성이 확증된 경우를 말한다. 상속세의 경우 재산 은닉 행위 또는 거래 조작이 포함되는 경우에 적용된다.

참고로 납세자 편의를 위한 분납과 연부연납에 관해서는 증여세와 동일하게 적용된다. 자세한 설명은 1장을 참고하기 바란다.

재산별
증여 솔루션

아파트
증여하기

대한민국을 아파트 공화국이라고 부른다. 많은 사람들이 아파트에 거주하고 자신이 보유한 자산의 대부분을 차지하는 것이 아파트이기 때문이다. 주식 가격의 등락은 주식에 투자한 사람들만의 관심사이지만 아파트 가격의 등락은 전 국민의 관심사라 할 수 있다. 아파트에 사는 사람도 아파트에 살고 싶은 사람도 늘 아파트를 주시한다.

그러다 보니 증여에 있어서도 가장 먼저 생각하는 것이 아파트를 포함한 주택이다. 만약 아파트를 두 채 가지고 있다면 당연히 한 채는 자식에게 물려주고 싶을 것이다. 그런데 증여세율이 50%라서 증여받은 아파트의 증여세를 내려면 그 아파트를 팔아야 한다는 얘기가 들려온다. 이렇게 무서운 증여세를 피해갈 방법은 없는 걸까?

이제부터 사례를 통해 전국민 재산목록 1호인 아파트의 증여에 대해 자세히 알아보자.

단순 증여하기

D는 2주택자이다. 한 집은 본인 거주, 다른 한 집은 월세를 받고 있다. 월세 관련해서는 주로 아내가 관리하고 있다. 월세를 받는 집은 서초동에 있는 45평 아파트로, 보증금 1억에 월세가 400만원 나온다. 이 아파트는 30년 전(현재 상태로 재건축되기 전 5층 아파트일 때) 아내가 상속받은 것으로, D 명의로 되어 있다. 아내는 당연히 남편 이름으로 해야 하는 줄 알았다고 한다.

D 부부는 이 아파트를 장남에게 증여하고 싶은데 증여세가 걱정이다. 감정평가사 말로는, 시세대로 계산해서 증여세를 내야 나중에 아들이 팔 때 양도세 부담이 적다고 한다. 감정평가액을 35억 정도로 하면 될 것 같다는 조언까지 덧붙인다. 이 아파트를 증여할 때 증여세와 취득세는 얼마 정도 될까?

뒤의 표14를 보면 당황스럽기 그지없다. 높은 세율로 인해 아파트를 증여하는 과정에서 세금 감당을 할 수 없는 것이다. 또한 과거 정부는 아파트 증여를 막기 위해 취득세율을 12%로 올렸는데(3배 중과) 아파트 증여를 확실하게 불가능하게 만든 조치였다.

표13 | 아파트만 단순 증여

증여가액	3,500,000,000
증여공제	(−) 50,000,000
과세표준	3,450,000,000
세율	50%
산출세액	1,265,000,000
신고세액공제	37,950,000
증여세 납부세액	1,227,050,000
실질세율	35.1%
취득세주1	420,000,000
납부세액(증여세 + 취득세)	1,647,050,000

주1) D의 아들도 현재 주택을 소유하고 있어서 취득세 중과 적용

표14 | 아파트의 증여세와 취득세까지 재차 증여

증여가액	3,500,000,000
취득세 현금증여	420,000,000
증여세 대납액주1	2,778,155,340
증여공제	(−) 50,000,000
과세표준	6,648,155,340
세율	50%
산출세액	2,864,077,670
신고세액공제	85,922,330
납부세액주2	2,778,155,340
실질세율	79.38%

주1) 증여세는 수증자가 납부해야 하는데 증여자가 대납해 줬다면 추가로 증여가 이루어진 것이므로 증여세 대납액도 증여세 과세가액에 포함
주2) 따라서 증여세 대납액과 납부세액이 동일해지는 값을 찾아서 납부세액을 산정함

만약 D의 아들이 취득세와 증여세를 모두 부담할 수 있다면, 증여세에 대한 증여세와 취득세에 대한 증여세 약 15억원을 절감할 수 있다. 물론

오십에 시작하는 증여 플랜

아들이 그런 거액을 갖고 있을 확률은 매우 낮다. 그렇다면 아파트 증여를 포기하고 매각한 다음 대금을 증여하는 경우를 생각해보자. 단 취득가액은 3억원, 장기보유특별공제(양도가액 30%)가 적용된다고 가정하자.

표14와 표15를 비교해보자. 아파트를 매각해 현금으로 증여하려면 1차로 양도소득세를 내고 2차로 증여세를 내야 하는 구조이다. 세금을 이중으로 부담하는 것이다. 결국 이러나 저러나 정상적인 사람이라면 증여를 포

표15 | 아파트 매각 후 매각대금을 증여할 경우

양도가액	3,500,000,000
취득가액	(−) 300,000,000
양도차액	3,200,000,000
기본공제	1,500,000
장기보유특별공제	960,000,000
과세표준	2,238,500,000
세율	42%
양도세 산출세액	904,770,000
신고세액공제	–
양도세 납부세액	904,770,000
실질세율	25.9%
매각대금 현금증여	
증여가액	2,595,230,000
증여공제	50,000,000
과세표준	2,545,230,000
세율	40%
증여세 산출세액	858,092,000
신고세액공제	25,742,760
증여세 납부세액	832,349,240
양도세+증여세 납부세액	1,737,119,240
총 실질부담율	66.9%

기하게 된다. 정부가 증여세 또는 취득세를 낮추기 전에는 아파트 증여가 불가능하다. 과연 이러한 상황을 돌파할 방법이 있을까?

취득세에 대한 중과세는 2020년 7월 10일, 이른바 7.10 대책으로 결정되었다. 주택가격 급등으로 다주택자들이 매물을 내놓지 않고 증여하는 것을 막기 위해 입법된 것으로 현재까지 유지되고 있다. 물론 조정대상지역에 한한다고는 하지만 증여를 원하는 주택은 대부분 조정대상지역에 있기 마련이다. 현 정부는 이를 비판해 왔지만 부자 감세란 부담 때문에 당장 폐지하기가 어려운 것이 현실이다.

감정가액을 낮춰 증여하기

D는 참담한 결과를 놓고 고민에 빠졌다. 과연 아파트를 장남에게 줄 수 있을까? 연말에 내야 할 종합부동산세도 감당하기 힘들고, 만약 증여를 미루게 되면 아파트 두 채에 대한 상속세를 일시에 납부해야 할 테니 어떤 전략을 써야 할지 머리가 아파오기 시작했다. D는 회계사에게 정식으로 상담을 요청하였다. 담당 회계사에 의하면, 정부는 부동산 여러 채를 보유하기 어렵게 하여 매각을 유도하는 구조를 만들었지만, 지출 비용을 최소화할 수 있는 방법이 하나 있기는 하다. 감정가액을 낮추는 방법이다.

감정평가를 받아 감정가액을 최대한 10억원 낮춘다면 증여가액은 35억원에서 25억원이 된다. 당연히 증여세는 대폭 줄어들 것이다. 그런데 과연 가능한 일인지 의심이 된다. 감정평가사가 평가금액을 정할 때는 최근의 유사 실거래 가액을 기준으로 한다.

감정평가사에게 감정가액을 낮춰달라고 부탁한다고 해서 임의로 낮춰주지 않는다. 감정평가금액이 상당히 낮은 경우, 해당 사유를 명확히 제

표16 | 감정가액을 낮춰서 단순 증여

증여가액	2,500,000,000
증여공제	(−) 50,000,000
과세표준	2,450,000,000
세율	40%
산출세액	820,000,000
신고세액공제	24,600,000
증여세 납부세액	795,400,000
실질세율	32%
취득세 (중과 기준)	300,000,000
증여세 납부세액 + 취득세	1,095,400,000

표17 | 감정가액을 낮춰서 증여세 및 취득세 재차 증여

증여가액	2,500,000,000
현금증여 (취득세)	300,000,000
증여세 대납액	1,723,398,058
증여공제	(−) 50,000,000
과세표준	4,473,398,058
세율	50%
산출세액	1,776,699,029
신고세액공제	53,300,970
납부세액	1,723,398,059
실질세율	68.94%

시하지 않으면 감정평가법인과 감정평가사 개인의 징계 사유가 되기 때문이다. 그렇다면 증여자가 할 수 있는 일은 국토교통부 실거래 조회를 통해 아파트 시세 변동과 최근 유사한 거래의 가액을 면밀히 지켜보다가 최적의 타이밍을 잡는 것뿐이다.

D는 장남에게 아파트를 증여할 생각을 포기하고, 세 명의 자녀에게 동일한 지분으로 증여할 것을 결정하였다. 이럴 경우 표18에서 실질 세부담율이 24%까지 하락하는 것을 볼 수 있다. 각 자녀마다 5천만원의 자녀공

표18 | 아파트를 3명의 자녀에게 분산 증여

	자녀1	자녀2	자녀3	자녀 3인 합
증여가액	833,333,333	833,333,333	833,333,333	2,500,000,000
증여공제	(−) 50,000,000	(−) 50,000,000	(−) 50,000,000	(−) 150,000,000
과세표준	783,333,333	783,333,333	783,333,333	2,350,000,000
세율	30%	30%	30%	
산출세액	175,000,000	175,000,000	175,000,000	525,000,000
신고세액공제	5,250,000	5,250,000	5,250,000	15,750,000
납부세액	169,750,000	169,750,000	169,750,000	509,250,000
실질세율	20.4%	20.4%	20.4%	
세금까지 재차 증여시				
증여가액(주택)	833,333,333	833,333,333	833,333,333	2,500,000,000
현금증여(취득세)	100,000,000	100,000,000	100,000,000	300,000,000
현금증여(증여세)	306,427,016	306,427,016	306,427,016	919,281,048
증여재산공제	(50,000,000)	(50,000,000)	(50,000,000)	
과세표준	1,189,760,349	1,189,760,349	1,189,760,349	3,569,281,047
세율	40%	40%	40%	
산출세액	315,904,140	315,904,140	315,904,140	947,712,419
신고세액공제	9,477,124	9,477,124	9,477,124	28,431,372
납부세액	306,427,016	306,427,016	306,427,016	919,281,047

표19 | 과거 현금증여 + 주택 분산증여

1차 증여	자녀1	자녀2	자녀3	자녀 3인 합
증여가액	1,000,000,000	1,000,000,000	1,000,000,000	3,000,000,000
증여공제	(−) 50,000,000	(−) 50,000,000	(−) 50,000,000	(−) 150,000,000
과세표준	950,000,000	950,000,000	950,000,000	2,850,000,000
세율	30%	30%	30%	
산출세액	225,000,000	225,000,000	225,000,000	675,000,000
신고세액공제	6,750,000	6,750,000	6,750,000	20,250,000
납부세액	218,250,000	218,250,000	218,250,000	654,750,000
실질세율	21.8%	21.8%	21.8%	
2차 증여 (세금까지 재차 증여시)				
증여가액(현금+주택)	1,833,333,333	1,833,333,333	1,833,333,333	5,500,000,000
현금증여(취득세)	100,000,000	100,000,000	100,000,000	300,000,000
현금증여(증여세)	940,413,944	940,413,944	940,413,944	2,821,241,832
증여재산공제	(50,000,000)	(50,000,000)	(50,000,000)	
과세표준	2,823,747,277	2,823,747,277	2,823,747,277	8,471,241,831
세율	40%	40%	40%	
산출세액	969,498,911	969,498,911	969,498,911	2,908,496,732
신고세액공제	29,084,967	29,084,967	29,084,967	87,254,901
납부세액	940,413,944	940,413,944	940,413,944	2,821,241,831
실질세율				32.7%

제와 구간별 세율이 낮아진 결과다.

물론 세금이 낮아진 반면 세 자녀 중 누구라도 주택을 취득하면 1가구 2주택이 적용된다는 문제가 있다. 현재 D의 세 자녀는 주택을 취득할 계획이 없어, 당분간은 월세를 세 명이 나눠 가지며 증여 효과를 누릴 수 있다. 그런데 만약 D가 몇 년 전에 자녀에게 현금 각 10억씩을 증여했다면 어떻게 될까? 표19에서 확인해보자.

이미 현금 10억을 증여한 경우라면, 증여세 실효세율이 32.7%로 계산된다. 표18과 19는 증여세까지 증여하는 경우의 증여세 납부액을 나타낸 것이다. 이 경우 세법은 납부하는 증여세와 증여하는 증여세가 일치되도록 순환참조로 계산하도록 규정되어 있다.

즉 2차 증여시 증여가액에는 1차 증여시 납부한 증여세, 2차 증여시 납부한 취득세와 증여세가 포함되어 있다. 결과론적으로, 이미 증여한 금액이 있으면 분산 증여시의 증여세 절감효과가 낮아지는 것으로 나타났다. 따라서 세율이 구간을 지나 높아지지 않도록 관리하는 것이 중요하다. 일반적으로 증여가액이 10억을 넘어 세율이 40% 구간에 진입하면 저항 심리가 커진다.

또한 증여시에는 자녀별로 분산하는 것이 유리하다. 다만 과거 10년 이내에 증여한 금액이 30% 구간, 즉 10억 이상이라면 분산 증여가 큰 의미가 없을 수도 있다.

자녀에게 양도(매매)하기

D는 다양한 시뮬레이션을 해본 후, 담당 회계사를 찾아가 최종 자문을 구했다. 회계사의 말이다. "장남이 직업이 있고 모아놓은 월급도 꽤 있을 것 같으니 양도로 처리하는 게 어떨까요. 아버님의 주택을 장남이 구입하는 방법 말입니다." D는 부자지간에 거래하는 것을 누가 믿어줄까 의심스러워했다. 하지만 회계사는 현금이 오가고 시세가 합리적이면 국세청도

인정하지 않을 방법이 없다고 단언했다.

　지금부터 부모와 자녀 간에 매매하는 경우에 대해 알아보려고 한다. 아파트의 취득가액이 10억원, 15년 이상 장기보유했다고 가정해보자. 앞에서도 설명한 바와 같이, 매매의 경우에 있어 매도자금이 D에게 입금되고 이 입금액을 다시 증여하게 되면 증여세가 발생해 아무런 의미가 없다. 따라서 부자간 매매에서는 거래대금을 낮추는 경우에만 실질 증여 효과가 나타난다.

　표20에서 양도가액을 35억원에서 25억원으로 낮췄더니, 양도소득세가 약 3억원 감소하였다. 물론 D의 장남이 향후 아파트를 매각할 경우, 취득가액을 낮췄기 때문에 세금 부담이 증가할 수 있다. 하지만 현실적으로 아파트를 보유하게 되면 웬만해서는 양도세 때문에 팔 수가 없다. 양도세를 납부한 후엔 비슷한 수준의 아파트로 옮길 수 없기 때문이다.

　장기적으로는 다른 선진국처럼 비슷한 또는 일정 규모의 주택을 구입하면 양도세를 면제해주는 조치가 필요하다고 본다. 양도소득세 때문에 집을 팔 수 없다면 거주 이전의 자유가 침해받는 것과 같다.

　마지막으로, 양도와 증여를 혼합하는 경우에 대해 알아보자. 양도시 가

표20 | 양도가액에 따른 양도소득세 차이

양도가액	3,500,000,000	2,500,000,000
취득가액	(−)1,000,000,000	(−)1,000,000,000
양도차액	2,500,000,000	1,500,000,000
기본공제	1,500,000	1,500,000
장기보유특별공제	750,000,000	450,000,000
과세표준	1,748,500,000	1,048,500,000
납부세액	698,970,000	406,425,000

표21 | 저가 양도(50% 시세) + 증여시

양도가액	1,250,000,000
취득가액	(−)1,000,000,000
양도차액	250,000,000
기본공제	1,500,000
장기보유특별공제	75,000,000
과세표준	173,500,000
세율(양도소득세)	38%
납부세액	45,990,000
실질세율	4.0%
저가양도 + 증여	
시가	2,500,000,000
양수대가	1,250,000,000
시가와의 차이금액[주1]	1,250,000,000
증여재산가액 면제금액	300,000,000
증여재산가액	950,000,000
증여재산공제	(−) 50,000,000
과세표준	900,000,000
세율	30%
산출세액	210,000,000
실제 부담세액(35억 기준)	7%

주1) 증여재산가액 면세점은 저가 매입인 경우 저가 차이 금액의 30%와 3억원 중 적은 금액을 한도로 증여로 보지 아니한다.

액을 앞의 시세의 50%로 적용하면, 시세보다 낮게 매도하는 부분은 증여로 간주된다. 이때의 세금을 계산해보는 것이다.

표21에서 보듯 양도와 증여를 혼합하여 이전하면 최소한의 세금으로 이전이 완성된다. 최저의 증여세율을 적용하면서, 양도세율도 최고세율에 해당되지 않도록 조정됨으로써 세금을 최소화시킨 경우이다. 단, D의 아

들에게 직업이 있고 대출이 가능하여 취득세 및 증여세 부담이 가능하여야 한다.

정부는 2022년 5월 10일부터 2년간 다주택자 양도세 중과 한시 배제를 적용함으로써 2024년 5월 9일까지 다주택자들이 보유 주택을 매도할 수 있는 기회를 주고 있다. 이 기간 동안 보유 주택을 매도하면 양도세 중과를 피하고 12월 납부할 종부세 중과도 피할 수 있다.

물론 당해년도 종합부동산세 기산일은 6월 1일이므로 당해년도 종합부동산세부터 피하려면 6월 1일 이전에 등기 이전이 완료되어야 한다. 만약 해당 주택에 전세 세입자가 있는 상태에서 매각한다면, 전세 금액만큼 매매대금에서 공제되므로 매각에 따른 자금 이전도 최소화되어 부자간에 부담이 최소화된다는 이점이 있다.

세입자 끼고 부담부 증여하기

E는 자신이 살고 있는 동네에 신축 아파트를 분양받았다. 아파트 분양가액은 9억원이며 현재 시세는 15억원 정도다. 당초에는 입주할 계획이었으나 아파트 내부가 마음에 들지 않아 입주를 포기하고 11억원에 전세 계약을 했다.

E의 딸은 특별한 직업은 없지만 서른 살이 되자 독립을 원하고 있다. E는 딸을 그 아파트에서 살게 해주고 싶은데 전세 연장을 한 지 1년밖에 안

되어 세입자를 내보내는 것이 문제다. 담당 회계사의 조언은 다음과 같았다. "일단 '부담부증여' 하시고 세입자 내보내는 것은 따님이 알아서 하라고 하는 게 어떨까요? 어차피 세입자 내보낼 자금을 마련하는 것도 만만치 않을 텐데요." 부담부 증여란 쉽게 말해 세입자가 있는 상태에서 증여를 한다는 것이다.

표22 | 아파트 일반 증여와 부담부 증여

	일반 증여	부담부 증여
시가	1,500,000,000	1,500,000,000
전세보증금		1,100,000,000
증여가액	1,500,000,000	400,000,000
세율	30%	20%
산출세액	290,000,000	80,000,000
신고세액공제	8,700,000	2,400,000
납부세액	281,300,000	77,600,000
실질세율	18.8%	19.4%

표23 | 아파트 부담부 증여시 양도소득세 계산

양도가액	1,100,000,000
취득가액	660,000,000
양도차액	440,000,000
장기보유특별공제	132,000,000
양도소득금액	308,000,000
양도소득 기본공제	1,500,000
양도소득 과세표준	306,500,000
세율	40%
양도세 산출세액	96,660,000

E는 세입자 내보낼 자금이야 대출로 마련할 수 있겠지만 딸의 장래가 더 걱정이었다. 혹시 아파트를 증여해주면 책임감이 생겨 제대로 된 직장을 구할지도 모른다는 생각에 회계사 말대로 부담부증여를 결정했다. 그렇다면 일반증여와 부담부증여는 무엇이 다른지 알아보자. 딸에게는 이미 증여한 바가 있어 인적공제는 적용하지 않았다.

표22와 표23에서 보듯이 일반 증여의 경우에는 2.8억원의 증여세를 내야 하지만, 부담부 증여의 경우는 증여세와 양도소득세를 합하여 약 1.7억원을 납부함으로써 약 1.1억원의 세금 절감효과가 발생하였다.

표23의 취득가액(6.6억)은 당초 분양금액 9억원에 전세보증금이 증여가액에서 차지하는 비중(11/15)을 곱한 값이다. 즉 전세보증금 가액만큼 양도함으로써, 분양대금이 전세보증금 비율만큼만 포함된 것이다.

만약 감정을 받아 평가금액을 10% 정도 낮춰 신고한다면, 부담부 증여에 따른 세액 절감액은 더 커질 것이다. 평가금액 15억원일 때 증여세와 양도세 합은 약 1.7억원이지만, 평가금액을 13.5억으로 하면 증여세와 양도세 합이 약 1.2억으로 떨어진다. 부담부 증여의 경우에도 최대한 평가금

표24 | 증여가액을 낮춘 부담부 증여시 양도소득세 계산

평가금액	1,350,000,000	양도가액	1,100,000,000
전세보증금	1,100,000,000	취득가액	733,333,333
증여가액	250,000,000	양도차액	366,666,667
세율	20%	장기보유 특별공제	110,000,000
산출세액	50,000,000	양도소득금액	256,666,667
신고세액공제	1,500,000	양도소득 기본공제	1,500,000
납부세액	48,500,000	양도소득 과세표준	255,166,667
실질세율	19.4%	산출세액	77,023,333

액을 낮춰야 한다는 뜻이다. 부담부 증여 자체로 세금 부담이 적어졌다고 해서 평가금액을 소홀히 해서는 안 된다.

🌐 2023년부터 달라지는 증여 규정 2가지

증여와 관련해 2023년부터 달라지는 규정들이 있으니 알아두어야 한다. 이전에는 증여시 취득세 과세표준을 '과세시가표준액'으로 했으나, 2023년 1월 1일부터는 유사 매매 사례 가액을 파악하여 이를 시가로 하여 과세한다. 당연히 취득세 과세표준이 올라가게 된다.

또한 양도소득세 이월과세 제도가 5년에서 10년으로 변경된다. 이것이 무슨 뜻일까? 증여일로부터 10년 이내에 양도할 경우, 증여시 취득가액이 아닌 증여자의 취득가액으로 과세한다는 뜻이다. 남편이 5억에 구입한 아파트를 시세 10억인 시점에서 아내에게 증여했다고 해보자. 이 아파트를 증여일로부터 10년 이내에 팔면 취득가액을 5억으로, 10년 이후부터는 취득가액을 10억으로 보고 양도소득세를 계산하게 된다. 10년 이내에 양도하면 양도 차익이 커져서 높은 양도소득세를 부담하게 되는 것이다.

이는 '증여 후 양도'란 방법으로 양도세를 회피하는 것을 막으려는 정책이다. 예전에는 배우자 공제 6억원을 이용하여 배우자에게 증여한 후, 5년이 지나 배우자가 양도하는 방법으로 양도세를 줄이곤 했다.

아파트 증여는 절대 단순하게 생각해서는 안 된다. 앞에서처럼 여러 가지 방법을 시뮬레이션한 다음, 최종 전략을 짜야 한다. 증여란 증여자와 수증자가 면밀한 준비와 계획을 통해 최선의 방법을 찾아내는 과정이다. 아무리 적은 자산이라도 전문가의 도움을 받는 것이 바람직하다.

오십에 시작하는 증여 플랜

토지
증여하기

증여할 것인가, 기다릴 것인가?

토지를 증여할 생각이라면 가장 먼저 생각해야 할 것이 토지 가격의 방향성이다. 만약 해당 토지에 개발 계획이 있고 토지 가격이 우상향하고 있다면 미리 증여하는 것이 올바른 판단이다. 반면 토지를 구입한 지 오래됐지만 토지 가격이 횡보 중이라면 굳이 증여를 서두를 필요가 없다. 증여세 과세표준액만 올라가고, 자식 입장에서는 당장 돈이 되지 않는 토지를 증여받아 재산세, 종합부동산세의 부담만 지기 때문이다.

우리나라의 가파른 저출산 고령화는 인구감소사회를 예고한다. 이는 장기적으로 주택 수요의 감소, 토지의 개발 면적 감소를 시사한다. 개발 가능성 높은 토지라고 매입했더라도, 현재 계획이 구체화되지 않았으면 실제 개발까지는 상당 기간이 소요될 것이다. 특히 부동산 경기 침체기라면 토지 개발은 요원하다. 따라서 투자 목적으로 구입한 토지를 가격이 오르지 않는다는 이유로 자식에게 증여하는 것은 부모에게도 자식에게도 부담스러운 일이다.

농장 구입하고 양도세 폭탄 맞은 경우

F는 투자 목적으로 농장을 구입했다. 농장 안에는 사람이 살 수 없는 다 허물어진 주택이 한 채 있었다. 당연히 농장을 운영할 사람이 없어 방치하고 있는 중이었다. F는 농장 주택이 '집'이 아니라고 생각하고 양도세 계산시 본인 거주 주택을 1가구 1주택으로 양도했다.

그런데 이후 농장 주택이 등기상 해당 군의 주택으로 등재되어 있는 것으로 밝혀져 전체 농장 가격보다 더 큰 금액의 양도소득세를 부담해야 했다. 왜 이런 일이 벌어졌을까? 토지 등기만 하고 주택은 등기를 넘겨받지 않아서 주택이 아닌 것으로 판단한 것이다.

매매 계약서상 토지, 건물 및 지상물 일체라고 되어 있는데도 주택의 등기를 간과했다. 만약 이 상태에서 해당 토지를 증여했다면 자녀에게 엄청난 부담을 지게 할 뻔했다. 법무사는 자신의 실수에 대해 책임지지 않는다. 더욱이 계약서에는 농장의 지번만 나와 있었기 때문이다.

우리나라 토지의 가격평가 체계

우리나라 부동산 가격은 어떤 법률로 정해지는지 알아보자. 종전에는 '부동산 가격공시 및 감정평가에 관한 법률'이었으나, 2016년 1월 19일부터 이원화가 되었다. 즉 '부동산 가격공시에 관한 법률'과 '감정평가 및 감정평가사에 관한 법률'이다.

표준지 공시지가와 개별공시지가

토지 거래에서 중요한 개념이 '표준지 공시지가'이다. 말 그대로 표준이 되는 토지의 가격을 말한다. 이는 일반적인 토지 거래의 지표가 되고, 국가 지방자치단체 등이 지가를 산정하고 감정평가업자가 토지를 평가하는 기준이 된다. 표준지 공시지가가 중요한 것은 우리가 잘 아는 개별공시지가의 모태가 되기 때문이다.

표준지 공시지가를 결정하는 기관은 국토교통부와 감정평가법인으로, 감정평가법인의 가장 기본적인 업무가 표준지 공시지가의 산정이라 할 수 있다. 국토교통부는 매년 10월부터 12월 초순까지 각 감정평가법인에 표준지를 할당해 감정을 의뢰한다. 매년 다른 감정평가법인이 표준지가를 산정함으로써 오류를 줄이고 있다. 표준지 공시지가에 따라 정해진 개별공시지가는 각종 세금을 부과할 때 사용된다. 또한 다른 법령에서 정하는 목적을 위한 지가 산정에도 사용된다. 표준지 공시지가가 높으면 주변 토지의 개별공시지가도 높아지는 법이다.

🏦 과세시가표준액이란?

과세시가표준액은 줄여서 '과표'라고 하는데, 말 그대로 지방세 부과의 기준이 되는 토지와 건물의 가격을 말한다. 일반적으로 법인세법과 소득세법에서 나오는 과세표준도 '과표'라고 불러서 혼동되는 경우가 있으니, 납세자나 세무대리인 모두 정확한 용어를 사용해야 한다.

과세시가표준액은 우리의 생활과 밀접한 관련이 있다. 취득세, 등록세, 재산세, 종합토지세, 공동시설세 등의 지방세가 모두 과세시가표준액에 의해 정해지기 때문이다. 이는 재정수입의 기초가 되고 소득과 재산을 재분배하는 사회정책적 기능도 수행한다.

토지의 과세시가표준액은 개별공시지가에 지방자치단체장이 결정 고시한 과세표준액 적용 비율을 곱하여 산정한다. 따라서 대부분 토지의 과세시가표준액은 실제 매매가액 대비 40~50%인 경우가 많고, 그보다 높더라도 실제 매매가액 대비 70% 이상 되는 경우는 거의 없다.

두 가지 사례로 본 평가금액의 중요성

아내에게 토지를 증여하는 경우

G는 경기도 용인시 백암면에 나대지 200평을 갖고 있다. 창고용으로도 괜찮고 식당을 건축해 임대해도 장사가 될 만한 자리다. 재산세 고지서에서 지방세 과세시가표준액을 보니 평당 100만원으로, 이 기준에 따르면 토지의 가치는 2억원 정도이다.

G는 평생 전업주부로 지낸 아내에게 해당 토지를 증여하기로 결심했다. 혹시 자신이 먼저 세상을 떠나더라도 월세를 받아 생활할 수 있고, 혼자 생활하기 어려우면 팔아서 괜찮은 실버타운에라도 들어갈 수 있겠다는 생각에서였다.

동네 부동산에 물어보니 실거래가액은 평당 400만원 정도 된다고 한다.

표25 | 증여가액 신고 액수에 따른 향후 양도소득세 비교

증여가액 (1)	200,000,000	증여가액 (2)	600,000,000
증여공제	(−) 200,000,000	증여공제	(−) 600,000,000
납부세액	0	납부세액	0
양도세 (1)		양도세 (2)	
양도가액	1,000,000,000	양도가액	1,000,000,000
취득가액	(−) 200,000,000	취득가액	(−) 600,000,000
양도차액	800,000,000	양도차액	400,000,000
기본공제	2,500,000	기본공제	2,500,000
장기보유특별공제	80,000,000	장기보유특별공제	40,000,000
과세표준	717,500,000	과세표준	357,500,000
세율	42%	세율	40%
산출세액	265,950,000	산출세액	32,460,000

그런데 이 토지의 증여세를 어떻게 신고하느냐에 따라 향후 부담할 세금은 하늘과 땅 차이가 된다. G는 아내에게 증여한 후, 일정 기간이 지나 10억원 정도 되면 매각한다고 가정했다.

앞에서 설명했듯이 배우자 공제는 6억원까지이므로 증여가액이 2억이든 6억이든 증여세를 내지 않는다. 그런데 앞의 표25를 보면, 증여가액에 따라 양도세액이 엄청나게 달라지는 것을 확인할 수 있다. 증여세 신고를 한 후 10년(2023년부터 10년으로 변경)이 지나서 매각하면, 증여받은 가격을 취득가액으로 인정받을 수 있다. 그러므로 증여시에는 낼 세금이 없더라도 반드시 신고서를 작성해 제출해야 한다. 증여세 신고서 작성이 번거롭다면 회계사나 세무사의 도움을 받으면 된다.

만약 증여세 낼 것이 없다고 신고하지 않는다면 어떤 일이 벌어질까? 향후 매각시에 증여 당시의 '과세시가표준액'으로 계산하게 되므로 양도차익이 커져 양도소득세 부담이 훨씬 늘어날 것이다. 납세자가 세금 납부를 의뢰할 경우, 회계사나 세무사가 능동적으로 감세의 방법을 찾아 신고서를 작성해 줄 수도 있지만 그렇지 않은 경우도 있으니 납세자가 최소한의 세무 지식을 갖추고 있어야 한다.

토지보상금을 자녀에게 증여하는 경우

H는 김포에서 농사를 짓던 중, 자신의 땅이 GTX 역사 부지로 선정되어 도로 및 상업용지로 2,500평이 수용되었다. 약 55억원의 토지보상금을 받게 된 것이다. 현재 양도소득세 납부 후 통장에 찍혀 있는 금액은 50억원 정도다. H는 3명의 자녀에게 현금을 바로 나눠줘야 할지, 다른 토지를 사서 나눠줘야 할지가 고민이다.

H가 구입하려는 토지는 파주에 있는 잡종지로 면적은 1,000평이고 가격은 평당 500만원이라고 가정해보자. 또 자녀들 모두 증여세 납부 능력이 있다고 해보자.

표26을 보면, 현금과 토지 증여시 엄청난 차이가 난다는 사실을 알 수

표26 | 현금 증여 vs. 토지 증여

	현금 증여 (자녀 1인당)	현금 증여 (자녀 3인 합)	토지 증여 (자녀 1인당)	토지 증여 (자녀 3인 합)
증여가액	1,666,666,667	5,000,000,000	500,000,000	1,500,000,000
증여공제	(−) 50,000,000	(−) 150,000,000	(−) 50,000,000	(−) 150,000,000
과세표준	1,616,666,667	4,850,000,000	450,000,000	1,350,000,000
세율	30%	30%	20%	
산출세액	486,666,667	1,460,000,000	80,000,000	240,000,000
신고세액공제	14,600,000	43,800,000	2,400,000	7,200,000
납부세액	472,066,667	1,416,200,000	77,600,000	232,800,000
실질세율	28.3%	28.3%	15.5%	15.5%

있다. 이런 차이는 과세표준이 다르기 때문이다. 현금으로 증여한 경우, 증여세 과세표준은 현금 그대로가 된다. 반면 토지로 증여하면 공시지가가 과세표준이 되므로 증여세가 상당 부분 감소하는 효과가 발생한다.

따라서 고령자로서 상당한 재산이 있는 경우라면 현금보다는 토지를 갖고 있는 편이 증여에 유리하다. 단 주의할 점이 하나 있다. 매매 후 일정 기간, 즉 최소 2년 이상 보유한 후 증여해야 한다는 것이다. 실제 매매금액을 평가금액으로 한다면 토지 증여의 실익이 사라진다. 일부 세무대리인은 토지 취득 후 3개월만 지나면 증여해도 공시지가로 평가 가능하다고 말하지만 과세 위험이 있으니 주의해야 한다.

앞에서도 말했지만, 토지 증여의 핵심은 증여의 방식보다 해당 토지의 미래 전망이다. 신도시, 고속도로, 산업단지와 같은 도시계획이 발표되었다면 토지 가격의 상승 여력이 크므로 조기에 증여하는 것이 유리하다. 호재도 없고 땅값도 큰 변동이 없다면 상속으로 가는 것이 유리할 수도 있다. 상속에는 다양한 공제가 있고 공제 범위가 넓기 때문이다. 재산이 30~40억 이내의 공제 범위에 속한다면 세금이 거의 없는 경우가 많기 때문이다.

오피스텔 및
상가 증여하기

　꼬박꼬박 월세가 나오는 수익형 부동산을 갖고 싶어 하는 분들이 많다. 대표적 상품이 오피스텔과 상가이다. 하지만 아파트나 토지에 비해 상대적으로 위험 부담이 큰 투자 상품인 것만은 분명하다. 경기가 좋을 때는 투자수익률이 높지만 경기가 좋지 않으면 바로 공실이 발생하고 투자수익률이 마이너스가 되는 경우가 허다하기 때문이다.

　또한 아파트나 토지보다는 장기적으로 가격 상승폭이 크지 않다. 가격이 오를 때도 아파트보다 적게 오르고, 매입 후 10년 정도가 지나면 경쟁력이 사라지고 리모델링이나 신규 인테리어 등으로 다시 돈이 들어가기 때문이다. 따라서 구입시에는 신중을 기해야 한다. 사실 상가나 오피스텔을 소유하신 분들은 증여보다는 매각하는 경우가 훨씬 많다.

ⓦ 오피스텔과 상업용 건물의 고시 가격

건물의 종류, 규모, 거래 상황, 위치 등을 고려하여 매년 1회 이상 국세청 장이 토지와 건물에 대하여 일괄하여 가액을 산정 고시한다. 이는 국세청 홈택스에 들어가면 누구나 확인할 수 있다. 다만 전국의 모든 오피스텔과 상업용 건물을 고시하는 것은 아니다.

2022년 1월 정부의 정기 고시를 보면 수도권(서울·경기·인천), 5대 지방 광역시, 세종특별자치시에 소재하는 오피스텔 및 3,000㎡ 또는 100개호 이상인 상업용 건물이 고시 대상 물건으로 지정되어 있다. 따라서 이 금액 에 따라 증여세를 납부해야 한다.

경험적으로 오피스텔 및 상업용 건물을 평가해 보면 시세의 70~80% 정 도에 해당한다. 한편 일반 상가는 국세청 고시가 없는 경우가 많으며 거래 금액이 거의 정해져 있지 않다. 거래 횟수도 뜸해서 조회해도 나오는 게 없다. 이런 경우 적당히 금액을 줄여서 증여세를 신고하곤 한다. 그런데 그 상가가 수도권에 있고 증여금액이 3억원을 넘는다면 세무서에서 전화 받을 각오를 해야 한다.

세무서 담당자가 주변 부동산에 전화해 시세를 문의한 결과, 해당 시세 와 증여세 과세표준이 어긋난다면 감정평가 및 수정신고서 제출을 요구하 기도 한다. 특히 며칠 안으로 감정평가서를 제출하라고 하면 급하게 감정 평가를 진행해야 한다. 몇 달 사이에 유사사례가 발생해 감정평가금액이 높게 나올 수도 있다. 늘어난 증여세에 가산세까지 내야 한다는 뜻이다. 따라서 시간적 여유를 가지고 감정평가를 받아 증여세 납부시 첨부하는 것이 좋다.

최근 증여하신 분들 중에는 세금을 너무 줄이려고 하다가 더 많이 내는 경우가 종종 있다. 모든 일이 그렇듯 세금도 합리적이고 타당한 수준은 지켜야 한다. 어떤 면에서는 '재산이 있으니 증여하는 것이고, 증여에 해당하는 세금은 당연히 내야 하는 것'이라고 생각하는 것이 세금을 줄이는 합리적 판단이다.

현금
증여하기

    증여 받는 사람이 가장 좋아하는 증여 대상은 단연 현금이다. 받는 즉시 쓸 수 있고, 등기가 필요 없고, 가지고 다니기 편하며, 특히 말만 안 하면 다른 형제자매가 모르기 때문이다. 보통 증여자는 증여세까지 계산해 현금 증여를 하기 때문에 받는 사람 입장에서는 이보다 더 좋을 수가 없다. 부모님이 자녀에게 현금 증여를 하면서 '너만 특별히 주는 거다'라고 말씀하신다면, 돌아가신 후 형제간 분쟁의 불씨를 심어놓는 셈이다.

    현금 증여의 특징은 조금씩 오랜 시간에 걸쳐 이루어진다는 것이다. 현금이 많은 분들이 이용하는 현금 증여의 기준은 일단 '10년 이내에 10억'이다. 이미 10억을 증여했는데 다시 현금을 증여한다면, 40~50%라는 가공

표33 | 10억+10억 증여 사례(증여세 포함)

	자녀1	자녀2	자녀3	자녀 3인 합
기증여액	1,000,000,000	1,000,000,000	1,000,000,000	3,000,000,000
현금증여액	1,000,000,000	1,000,000,000	1,000,000,000	3,000,000,000
증여누진액	2,000,000,000	2,000,000,000	2,000,000,000	6,000,000,000
증여공제	(-) 50,000,000	(-) 50,000,000	(-) 50,000,000	(-) 150,000,000
과세표준	1,950,000,000	1,950,000,000	1,950,000,000	5,850,000,000
세율	40%	40%	40%	
산출세액	620,000,000	620,000,000	620,000,000	1,860,000,000
신고세액공제	18,600,000	18,600,000	18,600,000	55,800,000
기납부세액	218,250,000	218,250,000	218,250,000	654,750,000
납부세액	383,150,000	383,150,000	383,150,000	1,149,450,000
실질세율	38.3%	38.3%	38.3%	
순증여액	616,850,000	616,850,000	616,850,000	1,850,550,000

할 세금을 부담해야 하기 때문이다. 현실적으로 현금 증여는 5억 이하인 경우만 가능하다. 5억을 증여하면서 9천만원의 세금을 내는 것이 그나마 수용할 수 있는 최대치라 보인다.

그렇다면, 3명의 자녀에게 이미 10억씩 증여한 상태에서 10년 이내에 재차 증여가 발생한다면 증여세가 얼마나 늘어나는지 알아보자. 당연히 세율과 세액 모두 늘어나게 된다. 표33을 보면 1차 증여시 자녀 1인당 2.2억원이었던 증여세가, 2차 증여시에는 3.8억원으로 대폭 증가한다.

ⓦ 찔끔찔끔 현금증여는 괜찮을까?

2015년에서 2021년까지, 은행예금 금리가 1% 언저리였던 시기에 금고 판매량이 꾸준히 늘어났다고 한다. 세원이 노출되지 않는 현금 보유를 선

호했기 때문이다. 자녀에게 현금 자체로 대물림하겠다는 속내다. 5만원권의 실종이 그 방증이다. 2020년 신문 기사에 따르면 5만원권 120조가 장롱에 있는 것으로 추산된다. 이렇게 유통되지 않는 현금은 경제에 악영향을 미친다.

역사적으로 볼 때 독재정권이나 사회주의 정권이 들어서서 화폐개혁을 단행하기도 한다. 잠자고 있는 돈을 끌어내려는 의도에서다. 만약 어떤 정권이 10만원권 화폐를 발행하고 어느 기간을 정해 그 시점까지만 5만원권 유통을 허용한다면, 잠자던 화폐는 모두 밖으로 나올 것이다. 그리고 국세청은 취득 근거가 없는 현금에 대해 증여세와 가산세를 합해 징수해 갈 것이다.

5만원권이 잠자고 있는 것을 알면서도 정부가 이런 조치를 취하지 않는 이유는 무엇일까? 경제를 위축시킬 뿐만 아니라 화폐가 환전을 통해 해외로 유출되는 것을 막기 위해서이다. 그렇게 되면 환율 상승과 경제 혼란은 불을 보듯 뻔하다.

대부분의 세무대리인들이 현금 부자에게 하는 조언이 있다. 한 달에 몇 백만 원씩 현금으로 인출해 자녀에게 수시로 주라는 것이다. 맞는 말도 아니고 틀린 말도 아니다. 꼬리가 길면 밟히기 때문이다. 따라서 이 방법을 지속적으로 사용하기에는 한계가 있다. 특히 세무 당국은 현금 수취 비율이 높은 업종 및 무역업자 등을 예의 주시하고 있으므로 그런 방법엔 현실적, 물리적 어려움이 있다. 아울러 거액의 현금을 양성화해서 정상적 자금으로 만드는 방법은 존재하지 않는다. 누군가 그런 돈이 있으니 뭔가 도모해보자고 해도 절대 믿어서는 안 된다.

금
증여하기

금의 증여를 고민한다면 핵심 포인트는 향후 '금 가격이 상승할 것인지 하락할 것인지'로 요약된다. 하지만 그 질문에 선뜻 답하기는 어렵다. 최근 금 1돈(3.75g) 가격은 도매가로 30만원을 훌쩍 넘어섰다. 10년 단위로 보면 금 가격은 지속적으로 우상향하는 추세다. 금에 투자할 생각이 있다면 우선 금에 대한 상식을 갖춰야 한다. 지금부터 금 투자의 역사적 배경과 금 거래의 기본 지식에 대해 설명해보겠다.

금 거래의 역사적 배경

과거 제국주의 시절, 강대국들은 주변국 경제를 컨트롤할 목적으로 점령국의 금을 수탈했다. 이렇게 빼앗아 간 금을 자국 은행에 보관하고, 그 양만큼만 그 나라의 화폐를 발행하도록 했다. 또한 점령국 화폐와 강대국 화폐와의 교환비율을 고정하고 강대국 화폐와 금의 교환비율을 정함으로써, 금이 모든 나라의 물가와 이자를 조절하는 역할을 하게 되었다. 이를 '금본위제도'라고 한다.

그런데 많고 많은 대상 중에 왜 하필 금이었을까? 금은 한정된 자원이며 채굴 외에는 생산할 방법이 없기 때문이다. 또 금의 채굴 비용과 화폐의 가치가 비슷했기 때문이기도 하다.

🅦 브레튼우즈 체제의 붕괴

1944년부터 1971년까지 브레튼우즈 체제라는 것이 있었다. 승전국이었던 미국이 막대한 금을 보유하고 있었기에 가능한 일이었다. 미국 달러를 세계 중심 통화로 정하고 달러와 금의 교환비율을 정해 놓으면, 각국은 미국에 금을 예치하고 그만큼의 달러를 자국에 가지고 가서 해당 화폐를 발행하는 방식을 채택한 것이다.

즉 금은 달러를 의미했고, 금을 가지고 있으면 어떤 화폐로도 바꿀 수 있었다. 대신 미국은 세계 경제와 세계 평화를 지키는 역할을 수행하도록 하였다. 하지만 미국이 더 이상 세계를 지키는 데 국력을 낭비하기 어려운 상황이 되자 리처드 닉슨 대통령은 금 교환 정지를 선언했다. 이후에는 각국의 환율이 서로 연동되는 체제로 전환됨으로써 금의 교환가치는 사라졌다.

그런데도 왜 금 가격이 계속 오르는 걸까? 생산된 금의 10%는 소비되어 사라지고, 인플레이션으로 금을 모으려는 수요는 지속적으로 증가하기 때문이다. 특히 중국과 인도의 금 소비가 증가하고 있다는 것도 중요한 이유다. 금의 채굴 속도보다 사용 속도가 빠르면 가격은 상승할 수밖에 없다. 따라서 금은 유망한 자산임에 분명하다.

금의 구입과 증여

개인이 금을 구입하면 시세에 10%의 부가가치세를 추가로 내야 한다. 현금으로 구입하든 카드로 구입하든 똑같다. 그러니 금을 샀다가 바로 팔면 10% 손해를 보게 된다. 개인이 금을 매각하면 10%의 부가가치세를 돌려받을 수 없기 때문이다. 금은 구입 즉시 10% 손해 보는 투자 대상이다.

앞에서 왜 '개인이 금을 구입하면'이라는 단서 조항을 달았을까? 법인이 금을 구입하면 매입 세액공제를 받을 수 있기 때문이다. 다만 금은 투자자산으로 분류된다. 업무와 무관한 자산이란 뜻이다.

법인에 차입금이 있다면, 법인세법상 지급이자 손금 불산입 규정에 해당되어 구입대금에 해당되는 이자만큼 손금 인정이(비용 처리가) 되지 않는다. 따라서 법인이 금을 구입하는 사례는 거의 없다. 물론 그럼에도 불구하고 금을 구입하는 법인이 가끔은 있다.

한편 무자료 거래로 금을 유통하는 비공식 업체를 통해 금을 매입하게 되면, 조세범처벌법의 대상이 되므로 주의해야 한다. 비공식 업체는 전당포나 금은방을 통해 금을 사 모아서 현금으로 금을 사려는 사람에게 매각함으로써, 유통 마진 및 부가가치세 탈루의 이익을 갖는다. 이는 엄연한 불법 거래이며 사업자 및 개인 모두 형사처벌 대상이다.

알고 지내던 귀금속점으로부터 증여세 없는 거래라는 얘기를 믿고 금을 사는 경우도 있다. 하지만 증여받은 사람이 향후 금을 매각해 부동산 등 재산을 취득할 때 재산 형성 근거를 제시하여야 함으로써 증여세 추징 가능성이 있다.

개인이 투자용으로 또는 장기간 묻어두려는 의도로 금을 구입한다면 매년 조금씩 가용자금의 범위 내에서 구입하는 것이 좋다. 결국 금은 장기 우상향할 것이 예상되므로, 매년 예산을 정하여 구입하고 가격의 추이를 관찰해야 한다. 금의 수급 특성에 따라, 만약 한 해에 가격이 대폭 상승했다면 이후엔 반드시 보합·하락하기 때문이다.

💰 금 보관하기

예전 뉴스에서 집안 인테리어 공사를 하다가 벽장 안에서 금을 발견했다는 얘기가 있었다. 물론 대부분의 사람들은 은행의 대여금고를 이용한다. 만약 금을 구입했다면, 가족들에게 금의 구입량 및 보관 장소를 수시로 전달하여 잊어버리지 않기를 바란다.

은행은 자신의 대여금고에 무엇이 들어있는지 알지 못하고 기록하지도 않으며, 보관 및 인출 시 참관하지도 않는다. 당사자 이외에는 알지 못한다는 것이 특징이다. 대여금고에 금이 있다는 사실을 알리지 않은 상태에서 갑작스러운 사고를 당한다면 금은 영원히 묻혀 있게 된다. 금의 물리적 보관은 늘 불안한 요소이다.

Ⓦ 금 증여하기

금을 몰래 사서 자녀들에게 주면 국세청이 전혀 모를 것이라고 생각하는 증여자들이 많다. 사실 금을 구입해 보관하고 있으면 세금을 낼 일은 없다. 그러나 과세가 되는 시점은 금을 구입하는 시점도 아니고 자녀에게 금을 증여하는 시점도 아닌, 자녀가 금을 현금화하는 시점일 가능성이 크다. 자녀들에게 증여한 금은 결국 현금화되어야 하는데, 그 과정에서 국세청에 적발될 가능성이 크다.

즉 자녀가 자금 출처에 대해 밝히지 못한다면 당연히 증여로 추정되고, 금의 구입 시점이 파악되면 그 시점부터 증여세, 증여세의 가산세, 증여세의 증여세까지 부담하게 되어 세금이 산더미처럼 불어날 수 있다.

무신고 불성실 가산세는 산출세액의 40%(실수의 경우는 20%이지만 의도적인 경우는 40%)이며, 납부 불성실 가산세는 미납부세액의 일만분의 2.2(연간 8.03%)에 지연납부일을 곱한 금액이므로 당초 금의 취득 금액을 초과할 것이 자명하다. 따라서 증여를 위해 금을 구입해 오랫동안 보관하는 것은 추천하기 어려운 방법이다.

서화 골동품
증여하기

부자들이 서화 골동품을 좋아하는 이유

성공하여 부를 이룬 사람들은 그동안 여유가 없어 본인이 원했던 일을 하지 못한 것에 대한 보상심리로 종교나 예술에 관심을 갖는 경우가 많다. 그중 많은 자산가들이 관심을 갖는 분야가 미술품이다.

미술품을 구입하는 경우 다른 자산과 달리 취득록세, 부가가치세, 재산세 등의 세금이 존재하지 않는다. 부동산은 구입할 때부터 등기라는 공적

시스템에 의해 관리되는 반면 미술품은 이러한 공적 관리 시스템이 없다. 이는 납세자 측면에서는 장점이라 할 수 있다. 국세청은 해당 자산의 취득 내역을 파악하기 어려워 증여나 상속시 과세대상 자산으로 분류하지 않는 경우가 상당하다.

다만, 미술품을 보유한 법인 또는 개인사업자가 해당 미술품을 양도하는 경우 취득가액을 정확히 알 수 없기 때문에 취득한 경위와 취득 금액의 출처를 소명해야 할 수 있다. 개인의 경우에도 미술품을 매도할 때 직업, 나이, 재산 상태로 보아 자력으로 재산을 취득하거나 부채를 상환하였다고 보기 어려운 경우 과세 관청이 자금 출처를 조사할 수 있다. 해당 자금의 출처를 명확히 제시하지 못하면 증여로 보아 증여세가 과세되는 것이다. 미술품 판매자가 매각하는 경우, 구입과 관련된 신고가 없었다면 매각하는 사람이 구입 금액에 대해 소명해야 한다.

이 책의 후반부에서 자세히 설명하겠지만 자금 출처 조사는 10년 이내의 재산 취득가액 또는 채무상환금액의 합계액이 기준금액 미만인 경우에는 하지 않는다. 하지만 기준금액 이내라 하더라도 증여한 사실이 객관적으로 명백한 경우에는 증여세가 과세될 수 있다.

재산 종류별로 취득자금의 80% 이상을 소명하지 않으면, 취득자금에서 소명한 금액을 뺀 나머지를 증여로 보아 증여세를 과세하기 때문에 소명 자료를 구비해 보관해두는 것이 좋다.

앞에서 언급했듯이 미술품을 구입하는 경우엔 증빙서류를 보관해야 추후 소명 요청이 오는 경우 대응이 가능하다. 사업자로부터 구입하는 경우 중에서 화가, 도예가, 공예가 등에 의한 창작품을 구입하면 부가가치세가 과세되지 않으므로 세금계산서가 아닌 계산서를 교부받아야 한다. 반면 창작품이 아닌 모조품을 구입하는 경우에는 부가가치세가 과세되므로 세금계산서를 수령해야 한다. 대부분 모조품은 몇십 만원 이내이므로 세금계산서를 발급받을 가능성이 거의 없다.

개인(전업작가)에게 구입한다면 3.3%를 원천징수한 나머지 금액을 지급하고, 자산으로 처리하면 된다. 만약 전업작가가 아닌 학생으로부터 구입한다면 학생에게 기타소득으로 지급하면 된다. 이 경우 8.8%를 원천징수한다. 구입자가 향후 판매를 염두에 둔다면 계좌이체 내역 및 증빙을 보관해야 한다.

ⓦ 미술품 구입비용의 비용 처리

개인사업자가 미술품을 소장하고 있다면, 이는 업무와 무관하므로 미술품의 구입 및 보관에 따른 비용은 일체 손금에 산입되지 않는다. 비용 처리가 되지 않는다는 뜻이다. 따라서 미술품의 구입 비용뿐만 아니라 보관료, 운반비 등을 모두 개인 비용으로 처리해야 한다. 개인 자격으로 서화골동품을 양도하는 경우에는 분리 과세가 가능하고, 80% 이상의 필요 경비가 인정된다는 것이 장점이다.

또한 국내 생존작가 작품은 가난한 예술가들이 작품을 쉽게 팔 수 있도록 비과세를 규정하고 있으므로, 양도시에 부가가치세, 종합소득세 등 세금 부담이 없다. 국내 생존작가 중 유망한 화가의 작품을 고르면 주식 또는 부동산보다 장기적으로 안정적 수익을 올릴 수 있다는 의미다.

그렇다면 법인의 경우는 어떨까? 법인세법에 따르면, 그 법인의 사업과 관련해 발생한 수익과 비용만을 판매비와 일반관리비로 비용 처리할 수 있다. 미술품 대여 사업을 하지 않는 한, 해당 미술품이 법인의 사업과

관련 있다고 보기 어렵다. 다만 법인이 장식, 환경 미화 등의 목적으로 사무실, 복도 등 공용 공간에 항상 전시하는 미술품의 경우는 예외로 한다. 미술품 취득 가격을 그 취득한 날이 속하는 사업연도의 비용으로 처리했으며 취득가액이 1천만원 이하라면, 비용 처리가 가능하다.

🅦 미술품 렌트하기

개인사업자와 법인사업자를 막론하고, 증빙이 가능하다면 미술품 인테리어 렌트 금액 전액을 비용으로 처리할 수 있다. 앞에서 밝혔듯이, 법인의 경우 1천만원 이하의 미술품을 구입해 공적인 장소에 전시하면 경비 처리가 가능하지만 개인은 경비 처리가 불가능하다.

다만, 렌트는 구입과는 다른 개념으로 본다. 일반적으로 용인되는 금액 범위 한도라면 경비로 인정해주는 것이다. 소득세법에서는 사업용 자산에 대한 임차료를 필요 경비로 인정해주고 있기 때문에, 미술품 렌트가 사업과 관련이 있고 통상적 비용이라면 경비로 인정받을 수 있다.

다만, 모든 업종에서 가능한 것은 아니다. 예를 들어 병·의원 관련 업종에서는 환자의 심신을 안정시켜 준다는 의미에서 수익에 대응하는 경비로 인정받을 수 있다. 세법 규정이 명확히 존재하지는 않지만 병·의원 등 업종으로서 매출액의 일정 비율 이내(병·의원의 수입 규모를 고려할 때 합리적이어야 한다는 것이 전제)에서의 미술품 렌트 비용에 대해서는 용인되는 것이다. 이런 점을 이용해 수익사업을 하는 일부 갤러리도 존재하는 것이 현실이다.

가끔 갤러리가 병·의원 원장들을 대상으로 영업을 하는 경우가 있다. 그림을 할인해서 구입하면 일정 퍼센트의 렌트 투자 수익이 가능하고, 향후 그림을 다시 매각하거나 추가 부담 없이 개인 소장이 가능하다는 달콤한 유혹이다. 하지만 대부분 실제 그림 가격은 터무니없이 낮으며 소장 가치가 떨어지니 주의해야 한다.

미술품의 증여와 과세

그동안 미술품은 부자들에게 매력적인 상속 및 증여 수단이었다. 정확한 시가와 소유자를 파악할 수 없기 때문에 국세청으로서는 미술품에 과세하는 것을 주저해 왔다는 뜻이다. 미술품은 그 자체만으로 가품 및 위작 이슈가 있어 이를 명확히 하여 과세하는 것은 매우 어려운 일이다.

2013년 세법 개정에 따라, 양도가액이 6천만원 이상인 미술품을 대상으로 1억까지는 80%, 1억 초과분은 90%의 필요경비를 반영하여 기타소득으로 분리 과세하고 있지만, 국내 생존작가의 작품에 대해서는 여전히 비과세가 적용된다. 미술품 과세를 엄격하게 적용한다고 해서 미술품을 이용한 탈세가 줄어들지는 않을 것이다. 미술품을 이용한 탈세의 핵심은 과세 여부가 아닌 유통 단계의 투명성이기 때문이다.

또한 일부 재벌 기업이 후원하는 몇 개 화랑을 제외하면, 국내 화랑들은 영세하고 지속적 적자 상태에 있어서 화랑에 사업소득으로 과세하는 것 또한 굉장히 어려운 일이다. 즉 당사자 간에 현금으로 거래하고 일부 수수료만 지급하면 국세청으로서는 알기가 어렵다.

💰 미술품 증여가액 정하기

미술품에 대해 정상적으로 증여세를 납부하려면 전문 분야별로 2인 이상의 전문가가 감정한 금액의 평균액을 가액으로 한다. 만약 그 가액이 너무 낮다고 판단된다면 국세청장이 위촉한 3인 이상의 전문가로 구성된 감정 평가심의회에서 별도로 감정가액을 산출하고 여기에 미달하는 경우에는 그 감정가액에 의하는 것으로 되어 있으나 실질적으로 적용된 사례는 많지 않다.

현실적으로 미술품을 증여 받은 자가 전문가가 감정한 가액에 따라 증여세를 납부하는 경우는 극히 드물다. 재벌 기업의 경우, 비영리재단이 설립되어 있어 대부분의 미술품이 재단에 귀속되어 있기 때문이다. 또한 값비싼 미술품을 보유한 개인은 매각도 개인끼리 이루어져 세원 포착이 어렵다. 해당 미술품이 언제부터인지 모르게 이미 보관 중이거나 별도의 화랑에 전시되어 있어 특정인의 재산으로 보기 어렵기 때문이기도 하다.

상속세 산정시에 서화·골동품 재산가액을 감정가액으로 하는 경우, 감정평가수수료 500만원까지 공제받을 수 있다. 따라서 좋은 미술품을 구입하여 보관하는 것은 당장 수익이 창출되지는 않지만 장기적으로 볼 때는 선택할 만한 대안이다. 앞으로는 미술품을 증여 수단으로 삼는 경우가 늘어날 것이 예상된다. 평소 미술품에 대한 지식과 경험을 쌓아두면 언젠가 요긴하게 사용될 때가 올지도 모른다.

주식 증여는
큰아이 대학 갈 때
시작하라

주식의
평가방법

비상장법인 주식 평가하기

주식 증여가 문제가 되는 것은 대부분 비상장법인의 경우다. 거래소에 상장된 회사나 코스닥 회사의 경우에는 시가를 평가가액으로 하므로 주식 평가시에 별다른 이슈가 없다. 이슈가 없다는 것은 세금이 달라질 여지가 없다는 의미다.

상장 주식은 평가기준일 전후 2개월간 시세의 단순평균으로 평가된다. 따라서 주가 하락시가 증여 시점이라 할 수 있다. 다만, 합병으로 인하여 주식이 다른 주식으로 변경될 때나 분할로 인해 나눠지는 경우에는 합병 또는 분할되는 비율로 환산한 주식수(일반적으로 신규로 받게 되는 주식수)에 평가기준일 현재의 거래소 최종 시세가액을 곱한 것으로 한다.

앞에서도 말했지만 이슈가 되는 것은 비상장법인의 주식이다. 어떻게 평가하느냐에 따라 세금이 확 달라지기 때문이다. 비상장 주식의 경우 1주당 평가액을 어떻게 구하는지 산식으로 표현하면 다음과 같다.

1주당 평가액 = A와 B 중에 큰 값

A: [(1주당 순손익가치 × 3) + (1주당 순자산가치 × 2)] / 5

B: 1주당 순자산가치 × 80%

A항에 따르면, 1주당 평가액은 순손익가치의 3/5(60%)과 순자산가치의 2/5(40%)를 더한 값이다. B항에 따르면, A항의 값은 1주당 순자산가치의 80% 아래여서는 안 된다. 그렇다면 왜 B항의 한도 규정이 만들어졌는지 알아보자.

사실, 과거에는 순자산가치의 80%라는 한도 규정이 없었다. A항의 가중 평균 방식에서 순손익가치가 마이너스(–)일 경우, 0으로 간주하고 계산하도록 했다. 즉 비상장법인의 주가에는 순자산가치만 반영되는 것이다. 따라서 순이익이 낮은 법인의 주식이 과소평가되는 문제가 발생한다.

많은 비상장 법인들이 이 점을 이용해 순손익가치가 마이너스가 되도록 하여 1주당 평가금액을 낮춘 후 주식을 승계했다. 2000년대 중반, 정부는 이런 문제를 해결하기 위해 순자산가치의 80%를 하한으로 설정하도록 법을 개정했다.

ⓦ 2000년대 초반 지주회사를 통한 승계 전략

주식평가에 대한 기초 지식을 위해 2000년대 초반에 횡행했던 지주회사(홀딩스)를 통한 승계 방법에 대해 알아보기로 하자. 복수의 계열사, 관계사를 거느린 기업집단의 대주주들은 전체 회사의 사업 내용을 지배하는 것을 주된 목적으로 하는 지주회사를 설립한다. ○○지주회사, ○○홀딩스로 명명된 회사들이다.

홀딩스는 별도의 사업을 영위하는 것이 아니므로 주 수입원은 계열사로부터 받는 배당이다. 그런데 우리나라 회사들의 배당 성향은 상당히 낮고, 배당을 결정하는 주체는 대주주다. 만약 대주주가 배당을 받지 않으면 어떻게 될까? 홀딩스도 고정 비용이 있으므로 손익이 마이너스(−)가 될 것이다. 결국 주식평가시엔 자산가치만 반영되고, 대폭 낮아진 주식평가액으로 증여 및 상속을 할 수 있다. 비상장 주식을 이용해 막대한 부의 승계가 가능했던 것이다.

상장된 지주회사라면 좀 다를까? 그렇지 않다. 상장된 지주회사 주식의 경우도 소액주주들에게 배당을 하지 않아 2000년대 초반 낮은 주가가 유지되었다.

대주주들은 기존 상장회사를 지주회사로 인적 분할하고 자신들의 주식을 기존 상장사와 지주회사로 나눈다. 그리고 자신이 소유한 기존 상장사 주식을 지주회사로 현물출자한다. 조세특례제한법에 따라 현물출자에 따른 양도소득세 납부를 이연(移延)하고 지주회사 지분을 증가시켜 지배력을 공고히 함과 동시에 향후 상속 및 증여에 대비해 주식가액을 낮추는 전략을 구사한 것이다.

모든 지주회사가 이런 방법으로 세금 부담을 줄였다고는 할 수 없으나 상당수 지주회사가 혜택을 본 것은 사실이다. 지금도 지주회사에 이런 장점이 존재함을 부인할 수 없다. 지주회사는 기업 오너의 상속 및 증여세를 줄이기 위한 승계 전략의 하나이다.

부동산 과다 법인의 주식 평가

주식 평가를 앞에서 설명한 것과 다른 방법으로 하기도 하는데, 부동산 과다 법인의 경우가 대표적이다. 1주당 순손익가치를 '2', 1주당 순자산가치를 '3'의 비율로 가중평균함으로써, 일반 법인과 달리 순자산가치에 더 큰 비중을 두는 것이다.

1주당 순손익액을 어떻게 산정하는지, 최근 3년간 순손익액의 가중평균액을 어떻게 구하는지 산식으로 정리하면 다음과 같다.

$$1주당\ 순손익가치 = \frac{1주당\ 최근\ 3년간\ 순손익액의\ 가중평균액}{순손익가치\ 환원율(10\%)}$$

[1주당 최근 3년간 순손익액의 가중평균액] = ①+②+③ / 6
① 평가기준일 이전 1년이 되는 사업연도의 1주당 순손익액 × 3
② 평가기준일 이전 2년이 되는 사업연도의 1주당 순손익액 × 2
③ 평가기준일 이전 3년이 되는 사업연도의 1주당 순손익액 × 1

표34 | 각 사업연도의 순손익액 계산하기

	각 사업연도 소득
(+) 소득에 가산할 금액	국세,지방세 과오납에 대한 환급금 이자
	수입배당금 중 익금 불산입한 금액
	기부금 이월금액 중 당해년도 공제금액
(−) 소득에서 차감할 금액	벌금, 과료, 과태료, 가산금과 체납처분비
	손금 용인되지 않는 공과금
	업무와 관련 없는 지출
	배당으로 간주된 이자의 손금 불산입
	각 세법에 규정하는 징수 불이행 납부세액
	기부금 한도초과액
	접대비 한도초과액
	과다경비 등의 손금 불산입액
	지급이자의 손금 불산입액
	법인세 등 총결정세액
순손익액 = 각 사업연도 소득 + 가산액 − 차감액	

Ⓦ 추정이익으로 대체하는 경우

이 책을 읽는 독자 중에는 회사의 미래 비전은 무시하고 과거의 자료로만 주식을 평가하는 방법에 문제가 있다고 생각하는 분들이 있을 것이다. 당연한 문제의식이다. 따라서 세법에서는 과거 데이터를 이용하지 않고 회계법인, 신용평가회사, 세무법인 가운데 두 곳을 선정하여 1주당 추정이익을 산정하는 경우에는 이를 반영할 수 있도록 다음의 규정을 두고 있다.

① 일시적이고 우발적인 사건으로 해당 법인의 최근 3년간 순손익액이 증가하는 등 정상적인 이익이 아닐 것

② 증여세나 상속세 과세표준 신고기한까지 1주당 추정이익의 평균가액을 신고할 것

③ 1주당 추정이익의 산정기준일과 평가서 작성일이 해당 과세표준 신고기한 이내일 것

④ 1주당 추정이익의 산정기준일과 상속개시일 또는 증여일이 같은 연도에 속할 것

 규정을 살펴보면 추정이익 산정시 기간에 제한을 두고 있음을 알 수 있다. 즉 추정이익을 산정하여 임의적으로 1주당 평가액을 조정하는 것을 최대한 막고 있다는 뜻이다. 따라서 1주당 평가액을 추정하더라도 향후 세무 당국이 문제를 제기할 경우 인정받지 못할 가능성이 존재한다. 추정이익이 필요한 경우를 예시하면 다음과 같다.

① 환율이 급상승하여 수출로 인한 이익이 급증한 경우

② 고정자산 매각이익이 발생한 경우

③ 유통회사로서 수급 조절 결과에 의해 뜻하지 않게 보관 상품의 가격이 급등한 경우 등

 대주주의 입장에 빙의해보자면, 증여나 상속 등 세금을 낮출 필요가 있을 때는 주식평가액이 높다고 주장한다. 일시적으로 또는 우연한 이유로 주식가액이 상승한 경우에 해당된다는 것이다. 반면 M&A를 앞두고 있다면 매각금액을 높이기 위해 자신의 주식평가액이 터무니없이 낮다고 말한다. 이렇듯 대부분의 대주주는 자신의 목적에 따라 평가금액을 판단한다. 이러한 점이 주식 증여의 가장 큰 어려움이다. 어찌 되었든 추정이익의 평가는 전문 회계법인에 의뢰하는 것이 향후 세무조사시 신뢰성 측면에서 유리하다.

최대주주 할증평가 & 영업권 평가

최대주주인 경우(중소기업은 제외) 상속 및 증여세법상 20%의 할증 세율이 적용된다. 경영권 프리미엄에 대한 대가로 더 높은 세율을 부과하는 것이 목적이다. 반면 중소기업의 경우에는 가업승계나 가업상속 제도를 마련해놓은 것과 같은 취지로 부담을 늘리지 않기 위해 할증 평가하지 않는다. 이는 대기업 대주주에게 과도한 세금을 물려 경영권이 3대, 4대로 세습되지 못하도록 하겠다는 정책적 측면에서 나온 규정이다.

그러나 현실을 보면 거의 모든 대기업들에서 경영권 승계가 이루어진다. 이 책에서 설명할 수 없는 치밀한 사전 준비를 통해 이 모든 법적 규제들을 돌파하는 것이다. 물론 할증평가가 적용되지 않는 예외조항도 있지만 여기서 자세히 설명할 필요는 없을 듯하다. 앞에서 살펴보았지만, 증여세 과세표준이 30억원을 초과하는 경우에는 최고세율 50%가 적용된다. 여기서 할아버지나 아버지 지분이 50% 이상이 된다면 또다시 할증평가 30%가 적용되므로 세율은 65%까지 증가하게 된다. 해당 증여세나 상속세까지 합산한다면 거의 85%에 해당한다. 우리나라 대기업 대주주에 대한 과세는 놀라울 정도다. 하지만 대부분의 대기업에서 승계가 무난히 이루어지는 것을 보면 그것이 더 놀랍다.

한편 영업권의 평가는 (가)와 (나) 중에서 큰 금액으로 한다. 참고로 알아두면 된다.
(가) 외부매입 영업권에서 세법상 상각 비 누적액을 공제한 금액
(나) 초과이익 산정 후, 10% 할인율 적용하여 5년간 발생한다고 가정한 금액의 합계액

초과이익 = (최근 3년간 순손익액의 가중평균액의 50%) − (평가기준일 현재의 자기자본 × 10%)

🅦 순자산가치에 의해서만 주식을 평가하는 경우

① 상속세 및 증여세 과세표준신고 기한 이내에 평가대상 법인의 청산 절차가 진행 중이거나 사업자의 사망 등으로 인하여 사업의 계속이 곤란하다고 인정되는 법인의 주식 등

② 사업 개시 전의 법인, 사업 개시 후 3년 미만의 법인 또는 휴업·폐업 중인 법인의 주식 등. 이 경우 '법인세법'의 요건을 갖춘 적격분할 또는 적격 물적분할로 신설된 법인의 사업기간은 분할 전 동일 사업 부분의 사업 개시일부터 기산한다.

③ 법인의 자산총액 중 토지, 건물, 부동산에 관한 권리가 차지하는 비율이 80% 이상인 법인의 주식 등

④ 법인의 자산총액 중 주식 등의 가액의 합계액이 차지하는 비율이 80% 이상인 법인의 주식 등

⑤ 법인의 설립 시 정관에 존속 기한이 확정된 법인으로서 평가기준일 현재 잔여 존속기한이 3년 이내인 법인의 주식 등

주식평가 사례
비포 & 애프터

조정 전 1주당 가격 계산하기

지금부터 사례를 통해 주식 증여에 대해 구체적으로 분석해보려고 한다. I는 비상장주식 2만주를 장남에게 증여하기 위해 주식 평가를 했더니 예상 외로 큰 증여세를 부담해야 할 것으로 예상되었다. 결국 I는 회계사의 도움을 받아 순자산가액을 조정해 주당 평가액과 증여세액을 낮출 수 있었다. 지금부터 조정 전과 조정 후를 입체적으로 분석해보자.

표35 | 조정 전--부채와 자본 총계

예금주1	1,600,000,000	매입채무	500,000,000
유가증권 등주2	800,000,000	단기차입금주3	1,000,000,000
매출채권 등	700,000,000	장기차입금주4	2,200,000,000
토지	350,000,000	퇴직급여충당금	700,000,000
건물	1,700,000,000	부채계	3,700,000,000
기계장치	2,400,000,000	자본금주5	500,000,000
차량운반구	130,000,000	이익잉여금	3,500,000,000
보증금	20,000,000	자본계	4,000,000,000
자산 계	7,700,000,000	부채와 자본 총계	7,700,000,000

주1) 예금은 은행 예금으로 구성
주2) 유가증권은 상장 주식으로 구성
주3) 단기차입금은 한도대출로 운영
주4) 장기차입금은 공장담보대출
주5) 자본금은 액면 10,000원 발행 주식 50,000주 (전체 본인 소유)

표36 | 조정 전--최근 3년간 매출과 순이익

	2023년	2022년	2021년
매출	6,000,000,000	5,860,000,000	5,500,000,000
매출원가	4,200,000,000	4,102,000,000	3,850,000,000
매출총이익	1,800,000,000	1,758,000,000	1,650,000,000
급여	600,000,000	550,000,000	520,000,000
기타비용	250,000,000	230,000,000	250,000,000
영업이익	950,000,000	978,000,000	880,000,000
수입이자	48,000,000	48,000,000	48,000,000
지급이자	160,000,000	160,000,000	160,000,000
법인세	152,240,000	158,400,000	136,840,000
당기순이익	589,760,000	611,600,000	535,160,000

표37 | 조정 전--순자산가액

자산가액		7,700,000,000
자산에 가산	평가차액	300,000,000
	법인세법상 유보금액	1,200,000,000
	유상증자 등	10,000,000
	기타	
자산에서 차감	선급비용, 개발비, 이연법인세 등	30,000,000
	증자일 전의 잉여금 유보액	
자산총액		9,180,000,000
재무상태표상의 부채가액		3,700,000,000
부채에 가산	법인세, 농어촌특별세, 지방소득세	420,000,000
	배당금, 상여금	100,000,000
	퇴직급여추계액	780,000,000
부채에서 제외	제준비금, 기타	
	제충당금	700,000,000
부채총계		4,300,000,000
영업권 포함 전 순자산가액		4,880,000,000
영업권		없음
순자산가액		4,880,000,000

표38 | 조정 전--최근 3년간 1주당 평가금액

	2023년	2022년	2021년
사업연도소득	742,000,000	770,000,000	672,000,000
가산주1	1,000,000	1,000,000	1,000,000
차감주2	152,240,000	158,400,000	136,840,000
순손익액	590,760,000	612,600,000	536,160,000
유상증자반영액	–	7,000,000	5,000,000
반영후 순손익액	590,760,000	619,600,000	541,160,000
주식수주3	50,000	50,000	50,000
주당 순손익액	11,815	12,392	10,823
가중평균액			11,842
할인율			10%
1주당 가액			118,420

주1) 사업연도 소득에서 가산한 항목은 국세 환급금 이자 각 1백만원이며 그 외 가산항목은 없음
주2) 사업연도 소득에서 차감한 항목은 법인세액이며 그 외 항목은 없음
주3) 매년 증자로 인해 발행주식수가 증가하나 환산한 주식수 반영

표39 | 조정 전--자본총계

순손익액의 가중평균액	592,106,667
비율	50%
가중평균액 × 비율	296,053,333
순자산가액	4,880,000,000
할인율	10%
순자산가액 × 10%	488,000,000
초과이익	–

표40 | 조정 전--1주당 최종평가액과 증여가액

구분	금액	가중치
자본총계	4,880,000,000	
발행주식수	50,000	
주당자산가치	97,600	2
주당수익가치	118,420	3
1주당 평가액	110,092	
한도(주당자산가치×80%)	78,080	
최종평가액	110,092	
2만주 증여시 20,000 × 110,092 = 2,201,840,000		

표41 | 조정 전--최종 납부 세액

증여세 과세가액	2,201,840,000
증여재산 공제액	50,000,000
증여세 과세표준	2,151,840,000
세율	40%
산출세액	700,736,000
신고세액공제	21,022,080
납부할 세액	679,713,920
증여세에 대한 증여세	271,885,568
총 납부할 증여세	951,599,488

　　표35에서 표41까지의 복잡한 계산을 거친 결과, 주식 1주당 평가액은 110,092원이고, 해당 주식 2만 주를 장남에게 증여할 때 증여가액은 22억 원, 산출세액은 7억원 정도 발생한다. 7억원의 증여세액까지 대납한다고 가정하면, 7억원의 40%인 2.7억원 정도를 추가로 납부해야 하므로 총 증여세액은 9억원이 넘는다.

조정 후 1주당 가격 계산하기

I는 주식 2만 주를 증여하는 데 9억 5천만 원의 세금을 내야 한다는 이 야기를 듣고 회계사와 대책을 협의했다. 회계사는 I가 회사로부터 충분한 급여와 상여를 받아서, 주당 수익가치는 반영하지 않고 순자산가액으로만 평가받는 방법이 좋은 대안이라고 조언했다. 이에 따라 I는 기존 상여금에 3억원씩을 더해 특수관계인들에게 지출하였다. 그 결과 주당 평가 가액이 어떻게 낮아지는지 살펴보자.

표42 | 조정 후--부채와 자본 총계

예금주1	700,000,000	매입채무	500,000,000
유가증권 등주2	800,000,000	단기차입금주3	1,000,000,000
매출채권 등	700,000,000	장기차입금주4	2,200,000,000
토지	350,000,000	퇴직급여충당금	700,000,000
건물	1,700,000,000	부채계	3,700,000,000
기계장치	2,400,000,000	자본금주5	500,000,000
차량운반구	130,000,000	이익잉여금	3,500,000,000
보증금	20,000,000	자본계	3,100,000,000
자산계	6,800,000,000	부채와 자본총계	6,800,000,000

주1) 예금은 은행 예금으로 구성
주2) 유가증권은 상장 주식으로 구성
주3) 단기차입금은 한도대출로 운영
주4) 장기차입금은 공장담보대출
주5) 자본금은 액면 10,000원 발행 주식 50,000주 (전체 본인 소유)

표43 | 조정 후--최근 3년간 매출과 순이익

	2023년	2022년	2021년
매출	6,000,000,000	5,860,000,000	5,500,000,000
매출원가	4,200,000,000	4,102,000,000	3,850,000,000
매출총이익	1,800,000,000	1,758,000,000	1,650,000,000
급여	900,000,000	850,000,000	820,000,000
기타비용	250,000,000	230,000,000	250,000,000
영업이익	650,000,000	678,000,000	580,000,000
수입이자	21,000,000	21,000,000	21,000,000
지급이자	160,000,000	160,000,000	160,000,000
법인세	92,180,000	98,340,000	76,780,000
당기순이익	376,820,000	398,660,000	322,220,000

표44 | 조정 후--순자산가액

자산가액		6,800,000,000
자산에 가산	평가차액	300,000,000
	법인세법상 유보금액	1,200,000,000
	유상증자 등	10,000,000
자산에서 차감	선급비용, 개발비, 이연법인세 등	30,000,000
	증자일 전의 잉여금 유보액	
자산총액		8,280,000,000
재무상태표상의 부채가액		3,700,000,000
부채에 가산	법인세, 농어촌특별세, 지방소득세	420,000,000
	배당금, 상여금	100,000,000
	퇴직급여추계액	780,000,000
자산총액	기타	
부채에서 제외	제준비금, 기타	
	제충당금	700,000,000
부채총계		4,300,000,000
영업권 포함 전 순자산가액		3,980,000,000
영업권		
순자산가액		3,980,000,000

표45 | 조정 후--최근 3년간 1주당 평가금액

	2023년	2022년	2021년
사업연도소득	469,000,000	497,000,000	399,000,000
가산주1	1,000,000	1,000,000	1,000,000
차감주2	92,180,000	98,340,000	76,780,000
순손익액	377,820,000	399,660,000	323,220,000
유상증자반영액	–	7,000,000	5,000,000
반영후 순손익액	377,820,000	406,660,000	328,220,000
주식수	50,000	50,000	50,000
주당순손익액	7,556	8,133	6,564
가중평균액			7,580
할인율			10%
1주당 가액			75,800

주1) 사업연도소득에서 가산한 항목은 국세환급금 이자 각 1백만원이며 그 외 가산항목 없음
주2) 사업연도소득에서 차감한 항목은 법인세액이며 그 외 항목 없음

표46 | 조정 후--자본총계

순손익액의 가중평균액	379,166,667
비율	50%
가중평균액 × 비율	189,583,333
순자산가액	3,980,000,000
할인율	10%
순자산가액 × 10%	398,000,000
초과이익	–

표47 | 조정 후--1주당 최종 평가액과 증여가액

구분	금액	가중치
자본총계	3,980,000,000	
발행주식수	50,000	
주당자산가치	79,600	2
주당수익가치	75,800	3
1주당평가액	77,320	
한도(주당자산가치 × 80%)	63,680	
최종평가액	77,320	
2만주 증여시 20,000 × 77,320 = 1,546,400,000		

표48 | 조정 후--최종 납부세액

증여세 과세가액	1,546,400,000
증여재산 공제액	50,000,000
증여세 과세표준	1,496,400,000
세율	40%
산출세액	438,560,000
신고세액공제	13,156,800
납부할 세액	425,403,200
증여세에 대한 증여세	170,161,280
총 납부할 증여세	595,564,480

표42에서 표48까지 계산한 결과, 조정 후의 1주당 평가액은 77,320원이고 증여세는 6억원을 하회한다. 무려 37%가 감소한 수치다. 따라서 증여라는 측면에서는 순이익을 줄이는 것이 최선이다. 하지만 현실에서는 그렇게 단순하지가 않다.

순이익 감소시에는 신용등급의 하락 등으로 차입금 유지에 영향을 미칠 수 있고, 건설업의 경우 입찰조건(재무 점수)에서 불리해지기 때문이다. 신중한 접근이 필요한 이유이다. 증여하겠다고 이익을 낮추었는데 회사 영업에 지장을 준다면 소탐대실이 아닐 수 없다. 증여세 절감을 위해 회사 가치를 낮추는 것은 어리석은 행동이다. 더군다나 웬만한 규모 이상이라면 외부 감사 대상이 되므로 회계 조정은 불가능하다.

다만 미리 계획한다면 회계 기준을 벗어나지 않는 범위 내에서 선택적 대안을 추출할 수 있다. 즉 증여를 계획하고 있는 기업이라면 향후 매출 증가를 위한 연구개발비를 적극적으로 지출하거나 고정자산의 구입, 해외 공장의 설립을 통한 선 투자 등을 고려해볼 수 있겠다.

현실적으로는 각 회사마다 처한 상황이 다르고 회계 제도 및 세무 조정 내용에 차이가 있으므로 이런 점들을 충분히 고려해야 한다. 비용 처리에 따른 리스크 또한 고려 대상이다.

CHAPTER

05

가업승계,
미리 준비하고
빨리 행동하라

가업승계란
무엇인가?

가업승계란 아버지 또는 어머니가 하던 사업을 자식이 물려받는 것을 말한다. 그러나 식당, 카페 등 개인사업자는 가업승계의 대상이 아니다. 일반적으로 가업승계는 중소기업 CEO에 해당한다고 보면 된다.

일반 증여가 아니고 가업승계를 하는 것은 그만큼 세제상 혜택이 따르기 때문일 것이다. 중소기업에 이런 혜택을 주는 것은 '조세특례제한법'에 근거를 두고 있다.

가업승계의 경우 낮은 세율을 적용하는 이유는 기업의 안정성과 영속성을 유지하고 경제 활력을 도모하기 위함이다. 그러니 가업승계를 받자마

자 회사를 매각하는 일을 못하도록 법률적 제한장치를 마련해두었다.

따라서 회사를 매각할 생각이라 하더라도, 자녀에게 가업승계를 이행한 후 사후관리가 종료된 후에 자녀가 매각하면 상속세 및 증여세 부담이 줄어들 확률이 크다.

가업승계의 장점과 단점

가업승계의 최대 장점은 세금을 줄일 수 있다는 것이지만, 좋은 점만 있는 것은 아니다. 회사 가치가 증가하지 않는 경우 거액의 세금만 일찍 납부한 결과가 될 수 있다는 것이 가업승계의 최대 단점이다. 대부분의 중소기업 오너들이 가업승계를 머뭇거리는 이유이기도 하다. 상장회사의 경우에는 예전의 한도가 너무 낮아 현실적으로 적용하기 어려웠던 점도 있다.

최근 가업승계 대상자들은 왜 미리 승계 절차를 진행하지 못했을까, 하며 몹시 안타까워 한다. 수도권을 중심으로 부동산 가액이 급증했기 때문이다. 상속세를 계산할 때는 가업승계시의 과세표준을 적용하므로 이 점이 상당히 유리하게 작용한다. 게다가 일반적인 증여와 달리 10억원까지는 특례를 적용해 세금을 내지 않는다. 60억원을 기준으로 그 이하는 10%, 초과분은 20%를 적용한다. 그야말로 국가가 주는 엄청난 혜택이 아닐 수 없다.

가업승계시 증여세율

① 과세가액 10억까지: 세금 없음

② 과세가액 60억원 이하: 10%

③ 과세가액 60억원 초과: 20%

2023년부터 가업승계 증여세 과세특례 확대

공제한도 최고 6배 상향

과거에는 증여자의 경영 기간에 상관없이 일괄적으로 100억원의 한도가 적용되었다. 개정된 법에서는 가업상속공제 한도와 마찬가지로, 증여자의 계속 경영 기간에 따라 차별적으로 한도를 적용함으로써 한도가 최고 6배 상향되는 효과를 발휘한다. 이는 높은 세금으로 인해 중소기업을 승계할 수 없다는 항의가 지속되었기 때문이다.

① 경영기간 10년 이상 20년 미만: 300억원까지

② 경영기간 20년 이상 30년 미만: 400억원까지

③ 경영기간 30년 이상: 600억원까지

공제 한도 내에서 횟수에 관계없이 적용 가능

2023년 가업승계 증여세 과세특례를 적용 받은 경우, 1차 특례 증여를 받은 수증인이 요건을 갖추면 한도 내에서 횟수에 관계없이 적용이 가능하다. 즉 기존 공제를 제외한 금액으로 과세특례를 적용 받을 수 있다. 둘 이상의 가업을 승계한 경우에는 가업상속공제와 마찬가지로 가업 영위 기간이 긴 가업부터 한도를 적용할 것인가에 대한 문제는 아직 입법이 되지 않아 불확실한 상황이나, 수증자가 선택할 수 있을 것으로 전망된다.

다만, 모든 가업 자산에 대해 이런 혜택을 적용하는 것은 아니다. 사업과 무관한 자산의 비율을 구하여, 총자산가액 중에 사업 무관 자산이 차지하는 비율만큼은 가업승계 자산에서 제외한다.

가업승계의 조건

ⓦ 증여자가 갖춰야 할 2가지 요건

① 증여일 현재 대통령령이 정하는 중소기업을 10년 이상 영위한 만 60세 이상의 부모여야 한다. 다시 말해 사업을 자식에게 증여하는 부모의 나이가 만 60세 이상이 되어야 하고, 10년 이상 경영에 종사해야 한다.
② 증여자인 부모가 중소기업의 주식을 40% 이상 가져야 한다. 단 상장법인은 20%도 가능하다.

ⓦ 증여 받는 자가 갖춰야 할 2가지 요건

① 증여일 현재 18세 이상으로서 거주자인 자녀
② 가업 주식을 증여 받은 수증자 또는 그 배우자가 증여세 신고기한까지 가업에 종사하며, 증여일로부터 3년 이내에 대표이사로 취임하여야 한다.

과거에는 증여 받는 자를 1인에 한하였으나 개정되어 여러 명이라도 상관없다. 또한 수증자의 배우자가 수증자 요건과 가업승계 요건을 모두 충족한 경우에는 수증자가 그 요건을 충족한 것으로 본다. 아들이나 딸이 가업을 물려받기 어려운 경우에 사위나 며느리가 가업을 승계 받을 수 있는 것이다.

가업승계는 600억원을 한도로 함으로써 일반적인 소득세율과 상속 및 증여세율과 비교한다면 엄청난 특혜라 할 수 있다. 최근 정부는 2024년부터 승계자산 300억원까지 10% 저율 과세를 적용하고, 연부연납 기간을 20년으로 확대하는 방안을 발표했다. 가업승계를 활성화하여 사업하는 분들이 세금 부담 없이 승계 작업을 할 수 있도록 하겠다는 의지가 반영된 조치이다.

가업승계의
다양한 시나리오들

100억원 규모 화장품 회사 승계하기

　화장품 회사를 운영 중인 64세의 J는 은퇴를 결심하고, 고민 끝에 딸에게 회사를 물려주기로 했다. 아무래도 화장품에 관심이 많은 딸이 회사를 물려받는 게 좋겠다고 생각했기 때문이다. J는 주식을 모두 딸에게 증여할 생각이었으나 아들이 반발했다. 아들은 자신에게 50%의 주식을 증여해 줄 것을 요구했다. J는 세무사를 통해 자신의 주식을 아들과 딸에게 50%씩 증여할 경우, 세금이 얼마나 되는지 알아보았다.

🅦 아들과 딸에게 50%씩 증여할 경우

J가 100% 소유한 화장품회사의 주식가액은 100억원이며 사업 영위 기간은 25년이다. 이에 따르면 가업승계시 증여세 과세특례에 의한 가업승계 요건을 갖춘 것이 확인된다. 아들은 회사 경영에 전혀 관심이 없다. 딸은 전년도부터 회사에 근무 중이며 증여받을 경우 대표이사에 취임해 회사를 경영할 계획이다.

아들은 3년 전 아버지로부터 13억원 상당의 토지를 증여 받았고, 딸은 2년 전 시세 13억원의 아파트를 증여 받았다. 화장품회사의 자산 중 업무 무관 자산은 없는 것으로 가정한다.

표49의 왼쪽을 보면, 아들과 딸에게 똑같이 주식을 증여했지만 가업승계자인 딸은 세금이 4억원이고 아들은 23억원에 가까운 금액을 납부해야 한다. 실질적으로 아들에게 증여하기는 어렵다고 판단된다. 한편 표49의

표49 | 50%씩 증여시와 100% 증여시의 납부세액

	아들 50% 단순 증여	+	딸 50% (가업승계) 증여	딸에게 100% (가업승계) 증여
증여재산 가액	5,000,000,000		5,000,000,000	10,000,000,000
기증여재산 가액	1,300,000,000		–	
증여세 과세가액	6,300,000,000		5,000,000,000	10,000,000,000
증여재산 공제액	–		(−) 1,000,000,000	(−) 1,000,000,000
증여세 과세표준	6,300,000,000		4,000,000,000	9,000,000,000
세율	50%		10%	10%, 20%
산출세액	2,690,000,000		400,000,000	1,200,000,000
납부세액공제	329,800,000		–	–
신고세액공제	80,700,000		–	–
납부할 세액	2,279,500,000		400,000,000	1,200,000,000

오른쪽은 주식 전체를 딸에게 증여할 경우의 세금으로 12억원이다. 이를 통해 전체 주식을 한꺼번에 증여하는 것이 세율 측면에서 유리하다는 것을 알 수 있다.

🅦 여러 차례 주식을 증여하는 경우

만약 J가 딸에게 단번에 주식을 증여하는 것이 아니라 2회에 걸쳐 주식을 증여한다면 어떻게 될까? 딸이 50%의 주식을 증여 받았는데, 이후 신제품이 개발되고 일본 수출이 개시되었다. 더군다나 환율 상승으로 당기순이익이 급증했다. 회사 가치가 2년 만에 2배로 뛰어 200억원이 된 것이다. 이때 나머지 50%를 증여 받는다면 증여재산가액은 100억원이 되어 세율 20%를 적용받게 된다.

표49에서 단번에 100%를 증여받았을 때 증여세 납부세액이 12억이었는데, 표50에서 1차와 2차에 걸쳐 증여받을 경우 납부세액은 24억원이 된다. 가업승계는 수차례에 걸쳐 할 수 있으나 그동안 기업가치가 오를 수 있음을 감안해야 한다. 따라서 회사의 전망, 자녀들의 경영 능력, 본인

표50 | 2차에 걸쳐 주식 증여

	1차 50%	2차 50%
증여재산가액	5,000,000,000	10,000,000,000
기 증여재산가액		–
증여세 과세가액	5,000,000,000	10,000,000,000
증여재산 공제액	1,000,000,000	
증여세 과세표준	4,000,000,000	10,000,000,000
세율	10%	20%
납부할 세액	400,000,000	2,000,000,000

이 어느 정도까지 경영을 지속할 수 있을지를 종합적으로 판단해야 한다.

만약 가업승계 금액이 600억원을 초과한다면 초과분에 대해서는 일반 증여세 세율이 적용되어 납부세액이 급격히 증가할 것이다. 따라서 가업 승계 전략은 600억원을 한도로 실행해야 한다. 기업가치가 400억원에서 600억원 사이라면, 가업 영위 기간이 30년이 될 때까지 기다리는 것이 유리하다.

가업승계에 있어 최적의 솔루션 같은 것은 존재하지 않는다. 각각의 회사 상황에 따라 달라지기 때문이다. 따라서 무조건 가업승계를 하기보다는 가업승계의 요건과 전략을 세워서 치밀하게 대응해야 한다.

포장재 회사 승계하기와 추가 절세 방법 3가지

K는 김포에서 포장재 회사를 경영 중이다. 주로 수출물품 포장용 비닐과 끈, 나무 상자를 생산한다. K는 5년 전부터 별다른 직업이 없던 아들을 직원으로 등록하고 출근하는 일수를 계산하여 월급으로 지급하고 있다. 아버지는 아들이 성실하게 일하지 않는 것이 못마땅하다. 요즘 K의 관심사는 가업승계다. 어차피 아들에게 물려주어야 될 회사이기 때문이다. 다음의 내용들을 근거로 가업승계를 할 때 부담해야 할 세금을 계산해보자.

표51 | 회사의 1주당 주식평가

예금주1	1,600,000,000	매입채무	500,000,000
유가증권주2	800,000,000	단기차입금주3	1,000,000,000
매출채권	700,000,000	장기차입금주4	2,200,000,000
토지	350,000,000	퇴직급여충당금	700,000,000
건물	1,700,000,000	부채계	3,700,000,000
기계장치	2,400,000,000	자본금주5	500,000,000
차량운반구	130,000,000	이익잉여금	3,500,000,000
보증금	20,000,000	자본계	4,000,000,000
자산계	7,700,000,000	부채와자본총계	7,700,000,000

주1) 예금은 은행 예금으로 구성
주2) 유가증권은 상장주식으로 구성
주3) 단기차입금은 한도대출로 운영
주4) 장기차입금은 공장담보대출금
주5) 자본금은 액면 10,000원 발행주식 50,000주 전체 본인 소유

표52 | 회사의 최근 3년간 순이익

	2023년	2022년	2021년
매출	6,000,000,000	5,860,000,000	5,500,000,000
매출원가	4,560,000,000	4,512,200,000	4,235,000,000
매출총이익	1,440,000,000	1,347,800,000	1,265,000,000
급여	600,000,000	550,000,000	520,000,000
기타비용	250,000,000	230,000,000	250,000,000
영업이익	590,000,000	567,800,000	495,000,000
수입이자	48,000,000	48,000,000	48,000,000
지급이자	160,000,000	160,000,000	160,000,000
법인세	73,040,000	68,156,000	52,140,000
당기순이익	308,960,000	291,644,000	234,860,000

표53 | 1주당 최종 평가액

자본총계	4,880,000,000
발행주식수	50,000
주당자산가치 (가중치2)	97,600
주당수익가치 (가중치3)	90,953
1주당 평가액	93,612
한도 (주당자산가치×80%)	78,080
최종평가액 (MAX)	93,612

표54 | 최근 3년간 주당평가액과 수익가치

	2023년	2022년	2021년
영업이익	590,000,000	567,800,000	495,000,000
수입이자	48,000,000	48,000,000	48,000,000
지급이자	160,000,000	160,000,000	160,000,000
법인세 차감 전 이익	478,000,000	455,800,000	383,000,000
발행주식수	50,000	50,000	50,000
주당평가액	9,560	9,116	7,660
비중	3	2	1
가중평균 주당가액			9,095
자본환원율			0.1
수익가치			90,953

표55 | 아들에게 가업승계시 납부세액

증여재산가액	4,680,600,000
증여재산공제액	(−)1,000,000,000
증여세과세표준	3,680,600,000
세율	10%
납부할 세액	368,060,000

표51에서 표55까지의 계산을 통해, K의 아들이 납부할 세액은 3.7억원 정도이다. 일반 증여에 비해 상당히 낮은 세율이다. 그런데 여기서 끝이 아니다. 납부세액을 더 감소시킬 또 다른 방법들이 있다. 3가지 추가 절세 방법을 소개해보겠다.

ⓦ 추가 절세 방법(1)

K와 아들의 급여 및 퇴직금을 각 1억씩 증가시키고, 차량 구입 등 그동안 아꼈던 비용을 1.8억원 지출한다. 급여 항목과 기타 비용을 증가시켜 영업이익을 줄이는 방법이다.

이 경우, 1주당 자산가치는 80,000원, 수익가치는 52,953원, 주당 최종 평가액은 64,000원이 된다. 여기에 주식수 50,000을 곱하면 증여재산 가액이 산정된다. 결과적으로 세액은 당초 3.7억원에서 2.2억원으로 대폭 감소된다.

상속 및 증여세법상 주식평가 규정을 이용하여 주식평가금액을 감소시킴으로써 세금 절약 효과가 발생했다. 기업 입장에서는 그동안 지급하지 못했던 수당과 상여 등을 처리하거나 규정 보완을 통해 적립하지 못했던 퇴직급여를 정상적으로 처리하는 방법으로 증여세를 절감할 수 있다.

표56 | 방법(1)의 납부세액

증여재산가액	3,200,000,000
증여재산공제액	(−) 1,000,000,000
증여세과세표준	2,200,000,000
세율	10%
납부세액	220,000,000

💲 추가 절세 방법(2)

해당 포장재 회사의 토지와 건물 취득금액은 20.5억원이고, 공시지가와 과세시가표준액 합계액이 12억원이라고 해보자. 만약 K가 회사의 토지와 건물을 12억원에 회사로부터 매입한다면, 장기차입금을 상환하게 되는 것이다.

2022년 K는 고정자산 매각대금과 보유 자금을 이용해 장기차입금 20억원 전액을 상환했다. 이렇게 되면 공장의 토지와 건물을 K가 소유하게 되는 것이다. 아들이 가업승계 후 회사 운영에 실패해서 가업승계가 취소되고 다른 자녀에게 주식이 이전되더라도 부담을 줄이는 효과가 있다. 또한 K는 토지와 건물을 회사에 임대함으로써 안정적 임대료로 은퇴 후를 대비할 수 있다.

방법(2)를 가동하면 가업승계에 대한 증여세액이 무려 1.8억원으로 감

표57 | 방법(2)의 최근 3년간 주당평가액

	2023년	2022년	2021년
영업이익	(−) 260,000,000	567,800,000	495,000,000
수입이자	18,000,000	18,000,000	18,000,000
지급이자	50,000,000	50,000,000	50,000,000
법인세 차감 전 이익	(−) 292,000,000	535,800,000	463,000,000
발행주식수	50,000	50,000	50,000
주당평가액	(−) 5,840	10,716	9,260
비중	3	2	1
가중평균 주당가액	5,115		
자본환원율	0.1		
수익가치	51,153		

표58 | 방법(2)의 납부세액

증여재산가액	2,794,600,000
증여재산공제액	1,000,000,000
증여세과세표준	1,794,600,000
세율	10%
납부세액	179,460,000

소한다. 이렇게 가업승계를 준비한다면 단순한 세금 절감 효과뿐만 아니라 회사의 구조 변경, 피승계자의 노후 대책도 동시에 대비할 수 있다. 가업승계는 장기적 관점에서 주도면밀한 준비를 할수록 다양한 혜택을 누릴 수 있는 것이다.

🐹 추가 절세 방법(3)

총 주식 50,000주 중 50%는 가업승계로 이전하고, 나머지 50%는 포장재 회사가 K로부터 자사주를 매입하는 방법이다. 이 경우, K는 회사로부터 매도대금 16억원을 받고 비상장주식 양도소득세를 납부하게 된다.

이렇게 아들에게 총 주식의 50%를 증여함과 동시에 나머지 50% 주식을 매입할 경우, 증여세와 양도세를 합한 총 부담세액은 약 3억원이 된다. 당초 가업승계 증여금액 3.3억원과 비교하면 3천만원가량이 감소하였다. 여기서 중요한 것은 K가 양도소득세 납부 후 약 13억원의 본인 자금을 보유하게 되었다는 점이다. 가업승계와 자사주 매입이라는 2가지 방법을 동시에 사용하면 승계해주는 사람과 승계받는 사람 모두 원하는 것을 가질 수 있다. 아들의 입장에서는 아버지에게 별도의 급여를 지급하지 않아도 되고, 아버지 입장에서는 아들에게 의지하지 않아도 되는 해피한 결말이다.

표59 | 방법(3)의 증여세 계산

증여재산 가액	1,600,000,000
증여세 과세가액	1,600,000,000
증여재산 공제액	1,000,000,000
증여세 과세표준	600,000,000
세율	10%
납부세액	60,000,000

표60 | 방법(3)의 양도세 계산

한주당 평가액	64,000
양도 주식수	25,000
총양도가액	1,600,000,000
저가양도 미해당액	300,000,000
실양도가액	1,300,000,000
취득가액	250,000,000
양도차익	1,050,000,000
양도소득세	247,500,000

사후관리와
납부유예 제도

사후관리는 특혜에 대한 의무

　가업승계로 과세특례에 해당하는 주식을 증여 받으면 5년간의 사후관리
가 뒤따른다. 과세 관청의 입장에서 보자면, 특혜를 준 것이 정당한지 아
닌지 5년 동안 지켜보겠다는 뜻이다.

　2022년까지는 사후관리가 7년이었으나 2023년 적용시부터 2년이 단축
되었다. 생각에 따라서는 5년이 길다고 느낄 수도 있지만, 만만찮은 세제
혜택을 감안하면 결코 긴 시간이 아니다.

주식 등이 상장되는 데 따른 이익 또는 합병에 의해 상장되었을 때의 이익이 있다면, 증여세 과세특례 대상 주식 등의 과세가액과 합산해 600억 원까지(납세자의 선택에 따라) 특례를 적용받을 수 있다.

예를 들어 보자. 아들이 아버지로부터 가업승계 대상 주식을 받았는데 과세가액이 600억원이다. 해당 회사가 향후 거래소나 코스닥에 상장할 경우, 600억원까지는 가업승계 규정이 적용되고 20% 세율로 과세된다. 무거

사후관리 기간 중 과세특례 취소 요건

① 증여일로부터 3년 이내에 대표이사로 취임하지 않거나, 이후 5년 동안 대표이사직을 유지하지 않는 경우(2022년까지는 5년 이내에 대표이사 취임, 7년까지 대표이사직 유지 조건이었다.)
② 가업의 주된 업종을 변경하는 경우(한국표준산업분류에 따른 중분류 내에서 업종을 변경하는 경우와 평가심의위원회 승인을 거쳐 중분류 외에 변경하는 경우는 제외)
③ 가업을 1년 이상 휴업하거나 폐업하는 경우
④ 주식을 증여 받은 수증자의 지분이 감소하는 경우
다만 합병 분할 등 조직 변경에 따른 처분으로서 수증자가 최대주주 등에 해당하는 경우는 제외하며, 자본시장법상 상장 요건을 갖추기 위하여 지분을 감소시킨 경우는 제외한다. 해당 법인의 시설투자, 사업 규모의 확장 등에 따른 유상증자를 하면서 특수관계인 외의 사람에게 신주를 배정하기 위하여 주식을 배정받지 않는 경우에도 계속 최대주주로서 존재한다면 제외되며, 해당 법인의 채무가 출자 전환됨에 따라 수증자의 지분율이 낮아지는 경우로서 수증자가 최대주주 등에 해당하는 경우는 제외한다.
즉 지분을 매각하여 감소하는 경우에는 조세특례가 적용되지 않으므로, 자금이 필요하다고 매각해서는 안 된다.

운 일반 증여세율 규정을 적용받지 않는 것이다.

또한 가업승계를 받은 주식이 상장 법인과 합병함으로써 상장 법인이 된 경우, 이익 중 600억원에 도달하지 않은 금액까지는 과세특례 세율을 적용한다.

가업승계는 정부가 사업자들에게 주는 엄청난 특혜이므로 하지 않을 이유가 없다. 가능하다면 하루 빨리 시작하는 것이 좋다. 다만, 5년 동안 사후관리 요건을 잘 충족해야 한다. 요건이 충족되지 않으면 과세특례는 취소되고 일반 증여로 간주해 과세하므로 각별히 신경 써야 한다.

사업하는 동안 세금을 안 내는 납부유예 제도

2023년부터 가업승계에도 납부유예 제도가 신설되었다(이전에는 가업상속공제에서만 시행). 납부유예제도란 대개 과세특례를 적용받지 못하는 주식 및 출자지분이 대상이다. 일단 일반 증여세율로 과세하되, 증여받는 자가 해당 재산을 양도·상속·증여할 때까지 유예해주는 것을 말한다. 가업을 승계받아 사업을 유지하는 한 증여세를 내지 않아도 된다는 뜻이다.

납부유예를 하려면, 납세자가 납세담보를 제공해 세무서에 신청하고 허가를 받아야 한다. 세무서에서 납세담보를 받아들이지 않으면 유예가 되지 않는다. 또 증여일자와 관계없이 향후 상속세 과세표준 계산시 무조건 상속재산가액에 합산되는 것이 특징이다.

과세특례 대상이지만 보유 자금이 부족해 어쩔 수 없이 납부유예를 받았다면, 5년간의 사후관리 기간 동안 증여받은 지분을 유지하면서 가업에 종사하고 고용을 유지해야 한다. 자칫 고용 유지 조건을 위반할 가능성이 있으므로 주의해야 한다.

CHAPTER

06

가업상속은
중소기업의 최고 선택지

가업상속이란
무엇인가?

 앞에서 살펴본 가업승계와 가업상속은 무엇이 다를까? 언뜻 들으면 그게 그거 같다. 실제로 많은 사람들이 헷갈려 하는 비슷한 개념이다. 하지만 가업승계는 엄연히 '증여'의 영역이고 가업상속은 말 그대로 '상속'의 영역이다. 피상속인의 생존 여부가 가업승계와 가업상속을 가르는 기준이다.

 가업상속이란 중소기업 등의 원활한 가업승계를 위해 피상속인이 사망한 경우 가족의 일원이 그 사업을 이어받으면(즉 그 회사 주식을 유산으로 받으면) 세금을 적게 내도록 하는 공제제도이다. 피상속인은 거주자에 한정되며 생전에 10년 이상 중소기업 등을 영위해야 한다. 그럴 경우 최대 600억원까지 상속공제를 해줌으로써 실제적으로 30% 정도의 상속세 절감이 가능하다.

여기서 중요한 것은 '중소기업에 한정해서'란 조건이다.

중소기업을 경영하시는 분들은 본인의 사망 후에 자식들이 '가업상속' 공제를 받아 세금을 아낄 것이라 기대해 '가업승계'를 하지 않는 경우가 많다. 가업승계는 당장 증여세를 내야 하기 때문이다. 하지만 현실은 생각과 다를 수 있다. 자식들은 가업상속 공제 따위엔 관심도 없고 당장 회사를 매각해 현금을 나눠 가지려 하는 경우가 흔하기 때문이다. 본인이 세상을 떠난 후엔 어떤 일이 일어날지 모르는 것이다.

지금부터 가업상속 공제의 요건에 대해 하나하나 알아보려고 한다. 뒤에 나오는 표61에 종합적으로 정리해놓았으니 참고하면 된다.

🏦 가업의 요건, 업종따라 다르다

중소기업이라고 모두가 가업상속 공제를 받을 수 있는 것은 아니다. 제조업 및 고용 창출이 가능한 업종이 아니면 가업상속 공제가 이루어지지 않는다. 그러므로 가업상속 공제를 받기 위해 업종 변경 등의 대책을 세우는 것도 방법이다.

과거엔 가업상속 공제 대상이 아니었지만 최근에 공제 대상에 편입된 업종도 존재한다. 예를 들어 유치원은 2022년부터 가업상속 공제 대상이 되었다. 자신의 업종이 가업상속 공제에 해당되는지부터 따져봐야 한다.

🏦 중소기업은 쉽게, 중견기업은 까다롭게

가업상속 공제는 중소기업을 주 대상으로 하고 중견기업을 부 대상으로

가업상속 공제에서 제외되는 업종

① 독서실 운영업 등 부동산 기반 사업 및 향락 업종
② 약국 및 개인병원과 유사 업종, 단 의료기관 운영 사업은 제외
③ 임대업, 호텔, 고속도로 휴게소 등
④ 금융업
⑤ 변리사, 회계사, 변호사, 세무사 등 전문법인(사실상 불가능)
⑥ 영화, 연극, 오페라 등 특수 종사자들에 의해 운영되는 사업장 등

한다. 중견기업에겐 까다로운 조건을 부여한다는 뜻이다. 중견기업의 경우 '중견기업 성장촉진 및 경쟁력 강화에 관한 특별법' 시행령 제2조 제2항에 적합해야 됨을 알 수 있다. 해당 내용은 '독점규제 및 공정거래에 관한 법률'에 따른 지주회사는 해당되지 않으며 금융업, 보험 및 연금업, 금융 및 보험 관련 서비스업은 중견기업의 매출액 요건을 충족하더라도 가업상속 대상에서 제외된다는 것이다.

중견기업은 '중소기업기본법'상의 중소기업 요건을 적용할 수 없으므로 해당 조문에 근거해 대기업 및 외국법인은 제외된다. 제조업 등 일반적인 업종이 아닐 경우, 다시 말해 업종의 특성상 고용 창출과 부가가치 창출에 기여하지 않는 업종은 제외된다고 판단하면 된다.

💲 피상속인과 상속인의 요건

대표이사로 재직해야 한다는 요건은 대부분의 사례에서 충족하고 있다. 만약 요건에 부합하지 않는다면 형식적으로라도 대표이사로 등기해야 한다. 공동 대표이사나 각자 대표이사로 있어도 상관없다. 또한 자식에게 물

표61 | 가업상속 공제 요건

대상	요건	상세 내역
가업	경영 기간	피상속인이 10년 이상 계속 경영한 기업
	중소기업	재무제표상 다음의 요건 충족 ① 공제 가능한 업종을 주된 사업으로 영위 ② '중소기업기본법'상 매출액, 독립성 기준 충족 ③ 자산총액 5천억원 미만
	중견기업	소득세 과세기간 또는 법인세 사업연도 직전 과세기간 및 사업연도말 현재, 아래 요건을 모두 갖춘 기업 ① 공제 가능한 업종을 주된 사업으로 영위 ② '중견기업 성장촉진 및 경쟁력 강화에 관한 특별법' 시행령 제2조 2항 2호에 적합할 것(제조업 등) ③ 상속개시일의 직전 3개 소득세 과세기간 또는 법인세 사업연도의 매출액 평균금액이 5천억원 미만
피상속인	주식 보유 기준	피상속인을 포함한 최대주주 등이 지분 40%(상장 20%) 이상을 10년 이상 보유
	대표이사 재직 요건 (3가지 중 1가지 충족)	① 가업 영위 기간의 50% 이상 재직 ② 10년 이상의 기간 (상속인이 피상속인의 대표이사 등의 직을 승계한 날로부터 상속개시일까지 계속 재직한 경우) ③ 상속개시일로부터 소급하여 10년 중 5년 이상의 기간
상속인	연령	18세 이상
	가업 종사	상속개시일 전 2년 이상 가업에 종사 (다음은 예외 규정) ① 피상속인이 65세 이전에 사망 ② 피상속인이 천재지변 및 인재 등으로 사망
	취임 기준	신고기한까지 임원취임 및 신고기한부터 2년 이내 대표이사 취임
	납부 능력	가업이 중견기업에 해당하는 경우, 가업상속 재산 외의 상속재산 가액이 해당 상속인이 상속세로 납부할 금액의 2배를 초과하지 않을 것
	배우자	상속인의 배우자가 요건 충족시 상속인 요건 충족으로 봄

려줄 때까지 대표이사를 해야 하는 것도 아니다. 대표이사를 이미 10년 연속으로 했다면 상속일 현재 대표이사일 필요는 없다. 질병 등으로 피상속인이 계속 대표이사직을 수행하는 것이 어려운 사례를 반영한 규정이다.

한편 상속인의 배우자가 요건을 충족할 경우에는 상속인 요건을 충족한 것으로 간주한다. 즉 사위나 며느리도 기업상속 공제를 받을 수 있는 길을 열어 놓은 것이다.

가업상속 공제의
놀라운 절세 효과

　납세자들이 가장 관심을 갖는 것은 당연히 가업상속을 했을 때의 공제금액인데, 2023년 공제 한도가 대폭 상향되었다. 우선 피상속인의 가업 영위 기간에 따라 공제한도가 달라진다. 10년 이상이면 300억원, 20년 이상은 400억원, 30년 이상은 600억원으로 변경되었다.

　가업상속 공제가 얼마나 큰 혜택인지 알아보기 위해 예를 들어보겠다. 뒤의 표62를 보면 30년 이상 중소기업을 경영한 사람이 610억원의 재산을 상속하는 경우, 일반 상속을 하면 289억의 상속세를 내지만 가업상속을 하면 8천7백만원의 상속세만 내면 된다. 288억원이라는 막대한 차이가 발생하는 것이다.

표62 | 610억의 재산을 상속하는 경우

	일반 상속	가업상속 적용
상속 재산가액	61,000,000,000	61,000,000,000
가업상속 공제액	–	(–) 60,000,000,000
일괄공제	(–) 500,000,000	(–) 500,000,000
상속세 과세표준	60,500,000,000	500,000,000
세율	50%	20%
산출세액	29,790,000,000	90,000,000
신고세액 공제	893,700,000	2,700,000
납부세액	28,896,300,000	87,300,000

특히 사후관리 기간이 지나서 매각하면 공제의 성격상 엄청난 세금 면제를 받을 수 있다. 탁월한 절세 효과가 아닐 수 없다.

🏆 가업상속 vs. 가업승계

가업상속 공제의 혜택을 보면, 미리 가업승계를 할 필요가 없다는 생각이 더 커질 수도 있다. 하지만 꼭 그렇지만은 않다. 경우에 따라 다른 것이다. 가업승계 후 회사가 급격히 발전해 대기업이 되는 경우, 회사의 고정자산 규모가 계속 증가하는 경우, 누적 현금이 지속적으로 증가하는 경우에는 가업상속의 범위를 벗어나게 된다. 가업승계 조건에 해당된다면 미루지 말라는 뜻이다.

상속 받는 사람 입장에서도 가업상속 공제를 받으려고 수십 년을 기다린다는 것은 결코 행복한 일이 아니다. 최악의 경우, 피상속인이 사업을 하다가 잘 안 되어 청산하거나 정리하게 될 수도 있다. 상속인 입장에서는 일찍 가업승계를 받고 상속시에는 추가 납부세액 없이 지나간다면 훨씬 나은 대안일 것이다.

대부분의 전문가들 역시 미래는 어떻게 될지 모르니 가능한 한 빨리 재산을 내 것으로 만드는 것이 낫다고 말한다. 세무사 중에는 가업승계나 가업상속 업무에 적극적이지 않은 분들도 있는데, 이는 받는 수수료에 비해 신고 오류나 사후 위반시 리스크가 훨씬 크기 때문이다.

가업상속은 사망과 함께 이루어지는 일이니만큼 가업승계가 가능하다면 최대한 그쪽을 선택해야 한다. 가업승계시 납부할 세금이 아까워 계속 미루다 보면, 회사가 잘될 경우 '그때 가업승계를 해서 세금을 아낄걸' 하고 후회하게 된다. 즉 가능하다면 가업승계로 회사의 경영권을 이전하는 게 여러모로 낫다.

나의 능력을 과신해서는 안 된다. 주변을 둘러보면 막상 승계했더니 자녀가 더 잘 경영하는 경우가 훨씬 많다. 경영자 입장에서 일반 직원과의 소통이 원활치 않을 때가 가업승계의 적기이다. 경영자가 임원에게만 보고받고 지시하며 회사 매출이 늘지 않는다면 '내가 나이 들어 경영 능력이 떨어지고 있구나'라고 이해하면 된다.

사후관리 요건과
연부연납 신청하기

　가업상속 공제를 적용받았다고 해서 안심해서는 안 된다. 다른 모든 특혜처럼 사후관리 기간이 있기 때문이다. 세무서장은 가업의 상속인이 세법이 정한 사후 의무를 제대로 이행하는지를 매년 점검해 위반사항이 발견되면 공제했던 상속세를 부과한다.

　사후관리 기간은 과거 10년에서 7년으로 단축되어 부담이 상당 부분 줄어들었다. 2019년까지 가업상속 공제를 받았다면 사후관리 기간이 10년이었지만, 2020년부터 7년이 되었고 2023년부터는 5년으로 다시 한 번 단축되었다. 사후관리 기간의 대폭 감소로 현재 상속인의 부담이 많이 경감된 상황이다.

🌐 가업상속의 사후관리 요건

① 해당 가업용 자산의 40% 이상을 처분한 경우

② 상속인이 대표이사 등으로 종사하지 아니하는 경우와 가업의 주된 업종을 변경하는 경우(단 산업분류표상 중분류 내 업종 변경 허용, 평가심의위원회의 심의를 거쳐 중분류 외 변경하는 것도 허용)

③ 제품 유형의 변경이나 생산 방식의 변경 등에 해당하는 경우에는 소분류의 변경이므로 유사 업종으로의 변경은 중분류 변경에 해당되지 않는다.(중분류의 예는 식료품제조업, 음료제조업처럼 카테고리 분류에 해당)

④ 해당 가업을 1년 이상 휴업하거나 폐업하는 경우

⑤ 주식 등을 상속받은 상속인의 지분이 감소된 경우

⑥ 상속개시일로부터 5년간 정규직 근로자수의 전체 평균이 상속개시일이 속하는 사업연도 직전 2개 사업연도의 정규직 근로자수의 평균의 100분의 90에 미달하는 경우(근로자란 근로기준법에 따라 계약을 체결한 근로자)

⑦ 상속개시일로부터 5년간 총급여액의 전체 평균이 상속개시일이 속하는 사업연도 직전 2개 사업연도의 총급여액의 평균의 100분의 90에 미달하는 경우(이는 사후관리 기간이 끝난 후에 세무서가 납세자료를 기준으로 평가되므로, 이를 잊어버려서는 안 된다.)

가업상속의 사후관리 요건 중 가장 까다로운 것이 ⑥항의 고용 유지다. 가업상속 공제 신청 시점을 정확히 예측하기 어렵기 때문이다. 즉 업종의 전망과 상속인의 경영 능력이 가업상속 공제의 절세 효과를 좌우한다. 최근 제조업과 유사 업종에서는 자동화, 무인화를 통해 원가를 절감하고 있다. 그러니 이를 감안해서 사전에 인력을 최소화하라는 의미다. 별도 회사를 설립하거나 기존 인력을 퇴사시킨 후 외주 용역으로 전환할 수도 있지만, 결코 만만한 방법은 아니다.

ⓦ 지분 감소가 용인되는 경우

① 합병과 분할 등 조직 변경에 따라 주식 등을 처분하는 경우. 다만 처분 후에도 상속인이 합병법인 또는 분할 신설 법인 등 조직 변경에 따른 법인의 최대주주 등에 해당하는 경우에 한한다.

② 해당 법인의 사업 확장 등에 따라 유상증자 할 때 상속인의 특수관계인 외의 자에게 주식 등을 배정함에 따라 상속인의 지분율이 낮아지는 경우. 다만 상속인이 최대주주 등에 해당하는 경우에 한한다.

③ 상속인이 사망한 경우. 다만 사망한 자의 상속인이 원래 상속인의 지위를 승계하여 가업에 종사하는 경우에 한한다.

④ 주식 등을 국가 또는 지방자치단체에 증여하는 경우

⑤ 현금이 없어 상속 받은 주식 등을 물납하여 그 지분이 감소한 경우로서 물납 후에도 상속인이 최대주주 등에 해당하는 경우

⑥ 회사를 상장하기 위해 '자본시장 및 금융투자업에 관한 법률'에 따라 지분이 감소될 수밖에 없는 경우

⑦ 주주 또는 출자자의 주식 및 출자 지분의 비율에 따라 무상으로 균등하게 감자하는 경우

⑧ 회생계획 인가 결정에 따라 무상으로 감자하거나 채무를 출자 전환하는 경우. 물론 이 경우는 회사가 부도났으므로 상속공제의 의미는 없다.

🌐 가업상속시의 연부연납 조건

상속 및 증여 재산이 대부분 부동산이나 주식이라면 당장 세금 낼 현금이 없을 것이다. 부동산이나 주식을 현금화하는 데는 상당한 시일이 소요되고, 사업용 재산 등을 급히 매각할 경우 경영에 큰 부담이 될 수 있다. 앞에서 간략히 설명했지만, 정부에서는 납세자의 자금 부담을 덜어주고자 세금 납부 기간상의 편의를 제공하는 '연부연납' 제도를 운영하고 있다.

연부연납이란 최단 5년 최장 20년에 걸쳐 세금을 분할해서 내도록 하는 제도이다. 물론 공짜는 아니고 연 2.9%라는 비교적 낮은 이자율이 적용된다.

표63을 보면, 가업상속의 상속세는 10년 거치 20년간 분할 납부가 가능하다. 만약 20년간 지속적인 인플레이션 상황이라면 화폐 가치 하락으로 세금 부담이 적겠으나, 20년간 채무를 유지한다는 심리적 부담감은 존재한다. 그러나 과거 상황을 돌이켜보면 인플레이션은 지속되었으므로 최대한 장기로 분할 납부를 신청하는 것이 유리하다. 분할 납부를 신청할 경우, 지속적 이익을 발생시켜 배당을 받거나 근로소득을 조성해 세금을 납부해야 한다.

표63 | 연부연납 기간과 이자

세목		연부연납 기간	이자율
	증여세	5년간 분할납부 (거치기간 없음)	
상속세	가업상속	20년간 분할납부 (10년 거치 가능)	연 2.9%
	일반상속	10년간 분할납부 (거치기간 없음)	

CHAPTER
07

명의신탁도 증여,
빨리 해결하라

확대 해석되는
명의신탁

명의신탁이 뭔지 모르는 사람은 없을 것이다. 법률상 명의신탁의 정의는 실질 소유자와 명의자가 다름으로 해서, 제3자가 실질 소유자로 간주되도록 하는 행위 또는 상태이다. 우리가 아는 그대로이다.

그렇다면 명의신탁을 통해 자신의 재산을 숨기려는 이유는 뭘까? 다주택자 또는 과점 주주들이 명의신탁을 이용하는 경우가 많다는 것이 답이 될 것이다. 우리나라 재산세는 누진 과세 제도를 취하고 있으므로 재산이 많을수록 높은 세금을 내야 한다. 따라서 명의신탁은 대부분 조세 회피 목적으로 이루어진다.

대부분의 소유물이 재산권 행사의 대상이므로 실질 소유자와 명의자가 동일한 것이 원칙이다. 타인은 명의자를 실질 소유자로 인식할 수밖에 없다. 물론 실질 소유자와 명의자 간에 합의해서, 실질 소유자와 명의자가 다름을 대외적으로 나타내는 경우도 있다.

그런데 모든 세법의 대원칙은 '실질과세'이다. 실질에 따라 과세한다는 원칙에 정면으로 위배되는 것이 명의신탁이다. 따라서 세법에서는 명의신탁을 조세 회피 행위로 간주하고, 실질 소유자가 아닌 명의자일 경우에도 증여로 인한 소유권 이전으로 간주해 증여세를 과세한다.

예를 들어보자. L은 은퇴를 대비해 고향에 땅을 구입할 생각이다. 하지만 아내가 극렬히 반대하고 있다. L은 고향 친구에게 양해를 얻어 친구 이름으로 등기를 하기로 했다. 이 경우 L과 친구, 두 당사자가 합의서를 작성하고 이를 국세청에 제시하더라도 국세청은 증여로 판단해 증여세를 부과한다는 의미다.

😎 헌법재판소에 간 '실질과세' 원칙

실질과세 원칙을 놓고 납세자와 국세청 간의 논쟁이 끝없이 지속되었고, 납세자들은 실질과세가 위헌이라고 주장하면서 결국 헌법재판소까지 가게 되었다. 1989년 헌법재판소는 실질과세가 조세평등주의를 실현하기 위한 도구이며, 조세 회피 목적이 있는 경우에 한해 실질과세가 합헌이라고 판결했다.

납세자들은 조세 회피 목적에 한한 조건부 합헌이므로 이 규정에 증여세만 포함된다고 주장했다. 하지만 1994년 이후 모든 국세·지방세·관세를 포함하는 것으로 세법이 개정되었다.

따라서 명의신탁의 원인이 밝혀지지 않더라도 대부분 조세 회피 목적이 있다고 추정해서 과세된다고 봐도 무방하다.

🪙 부동산 명의신탁은 사실상 불가능

1995년 '부동산 실소유자 명의등기에 관한 법률'이 제정되었다. 1995년 7월 1일 이후에는 부동산에 대한 소유권 · 전세권 · 지상권 · 저당권 등 모든 물권에 대해 명의신탁을 하는 것이 무효이며, 5년 이하의 징역이나 2억원 이하의 벌금이 부과된다.

또한 부동산 가액의 30%에 달하는 과징금을 납부해야 하고 과징금 납부 이후에도 실명 등기를 하지 않으면 과징금 부과일로부터 1년 경과시엔 부동산가액의 10%, 2년 경과시엔 20%의 이행강제금을 납부해야 한다. 이 조치로 부동산 명의신탁은 사실상 불가능하게 되었고, 현재 존재하는 명의신탁은 대부분 주식을 대상으로 한다.

그렇다면 1995년 이전에는 어떠했다는 것일까? 납세 등의 의무는 지지 않고 재산권 행사만 하는 기형적 등기 형태가 허용됨으로써 수많은 탈법과 불법 거래가 이루어졌다. 1990년에 '부동산등기특별조치법'을 제정했지만 투기 목적임을 밝혀내기 어려워 실효성이 없었다. 그러다가 1993년 금융실명제 도입이 전환점이 되었다. 부동산 명의신탁을 계속 인정한다면 금융자산이 모두 부동산으로 몰릴 것을 우려해, 1995년 전격적으로 법률이 제정된 것이다.

🪙 주식 명의신탁은 확대 적용

부동산의 명의신탁이 금지됨에 따라 주식도 명의신탁의 실명 전환을 유도하기 위한 조치가 단행되었으며, 1997년 1월 1일부터 1998년 12월 31일까지 2년의 유예 기간을 두었다. 국세청은 유예 기간 중 실명 전환하지 않거나 1997년 이후 새롭게 명의신탁한 주식에 대해서는 조세 회피 목적으로 추정하여 증여세 과세를 결정했다.

2003년 이후에는 소유권 취득 후 주식 명의개서를 이행하지 않는 경우도 명의신탁으로 추정해 증여세를 과세하게 되었다. 이는 명의신탁을 확대 해석한 것으로 볼 수 있다. 다른 사람 명의로 등록하는 것뿐 아니라 본인 명의로 변경하지 않는 것도 명의신탁으로 간주해 명의자에게 과세하기 때문이다.

사례로 보는
명의신탁 해소법

    지금부터 주식 명의신탁을 해소하는 방법을 사례를 통해 알아보려고 한다. 이는 단순 예시에 불과하므로, 주식 명의신탁의 해소가 필요한 독자라면 반드시 경험이 많은 컨설턴트의 조언을 구하길 바란다. 경험이 일천한 컨설턴트를 믿고 일을 진행하다가 세금이 부과되면 현실적으로 수정신고 등이 불가능하기 때문이다.

    명의신탁 업무는 법률 관계의 형성을 특징으로 한다. 즉 계약서가 작성되고 신고행위가 발생하므로 잘못되면 되돌릴 수 없다. 자칫하면 엄청난 증여세가 과세될 수도 있고, 해당 주식을 양도로 처리할 수밖에 없는 상황에 내몰려 주식을 매입해야 할 수도 있다.

직원 3인에게 주식을 명의신탁한 경우

M사장은 2005년 법인을 설립하면서, 3명의 직원에게 각각 10%의 주식을 명의신탁했다. 당시 상무로 재직했던 N상무, 2010년 유상증자 시점에 이사로 재직했던 O이사, 그리고 부장으로 일했던 P부장이다.

2005년 회사 설립 당시, 담당 법무사는 여러 명의 발기인이 필요하며 발기인도 일부 주식을 소유하는 것이 통상적이라고 설명했다. 개인사업자였던 M사장은 대출에 유리한 법인으로 전환하면서, N상무를 주주로 기재했다.

이후 유상증자를 하면서 부동산 구입 가능성이 높아지자 법무사의 조언하에 과점 주주 취득세를 회피하기 위해 O이사와 P부장을 주주명부에 기재하였다. 당연히 3명 모두 주식 대금을 납입하지 않았다. 현재 명의신탁을 한 3명 모두 퇴직한 상태이다. 이 경우 어떻게 명의신탁을 해소할 수 있을까? 3명의 경우를 차례차례 살펴보자.

① 호의적인 N상무

M사장은 N상무에게 연락해 주식 명의를 본인에게 돌려줄 수 있는지 물어봤고, N상무는 기꺼이 돌려드리겠다고 대답했다. 담당 회계사는 소송을 통해 판결을 받으면 명의를 다시 이전 받을 수 있고, 이 경우 증여세 국세 부과의 제척기간인 15년이 경과하였으므로 모든 조건이 부합한다면 세금 부담도 없다고 찬찬이 설명해주었다.

다만 소송을 통해야 한다는 점 자체가 위험 요소이고, 판사에게 그간의 정황을 잘 설명해야 한다는 부담도 존재한다.

② 세상을 떠난 O이사

M사장이 O이사에게 연락을 취한 결과, 그가 몇 년 전 사망했다는 충격적 사실을 접했다. O이사의 아들은 이미 자신이 주식을 상속받았으며 명의개서 절차는 아직 하지 않았다고 한다. M대표는 매우 당황해서 담당 회계사에게 연락했다. 회계사는 O이사의 아들이 아버지의 명의신탁

사실을 인정한다면, 증여가 발생한 시점의 가액으로 증여세를 납부하고 명의를 다시 변경하면 된다고 말했다.

물론, 이 경우에도 소송을 통해 판결문으로 명의신탁 사실을 인정받아야 한다. 소송 없이 당사자간 합의로 주식을 돌려받는다면 현재의 평가액으로 증여세가 과세되기 때문이다.

③ 적대적인 P부장

M사장은 P부장에게 연락하기가 조금 껄끄러웠다. P부장의 업무 태만 등으로 회사가 큰 손해를 입어 그를 해고했기 때문이다. 아니나 다를까 P부장에겐 감정의 앙금이 남아 있는 듯했다. P부장은 자기 주식이 아니니까 소유권을 주장하진 않겠으나 그 이상의 어떤 일도 하지 않겠다는 입장이었다.

담당 회계사는 이럴 경우 현재 기준으로 환원하는 방법뿐인데, 그러면 현재 기준으로 증여세를 납부해야 한다고 말한다. 증여세가 상당 금액이 되겠지만, 상대방과의 협의가 없으면 불가피한 상황이라고 한다.

만약 P부장을 설득할 수 있다면, 과거 명의신탁이 불가피하게 발생했음을 증명하고 명의신탁의 제척기간 내에 해당되므로 과거 주식 가액 기준으로 증여세를 납부하고 명의신탁을 해소할 수 있다.

명의신탁 해소의 4가지 원칙

① 신탁자와 좋은 관계 유지하기

사실상 명의자의 협조가 없으면 명의신탁을 해소할 방법이 없다. 따라서 명의자와 관계가 나빠지지 않도록 유의해야 한다.

② 신탁자와 틈틈이 연락하기

눈에서 멀어지면 마음에서도 멀어진다. 명의자와 연락하지 않고 지낸 기간이 길수록 해결이 어렵고 많은 비용이 수반된다.

③ 주가 상승에 대비하기

회사의 평가 금액이 높아지면, 즉 주가가 높은 상태라면 명의신탁자가 쉽게 포기하기 어렵다. 인간은 욕심의 동물이기 때문이다. 인간적 호소에 한계가 있음을 알고 만반의 준비를 해야 한다.

④ 전략적으로 접근하기

쓸데없는 말 한마디가 일을 그르치는 경우가 많다. 자존심에 상처 입은 명의자만큼 큰 장애물이 없다. 주식 소유자가 명의자를 아직도 직원으로 생각하고 대화한다면 일이 더 꼬일 공산이 크다.

언제를
증여 시점으로 보나?

앞에서 살펴보았던 증여의제의 개념에 대해 다시 살펴보자. 증여의제(贈與擬制)란 법률상 증여는 아니지만, 증여로 취급해 세금을 부과한다는 뜻이다. 주식의 명의신탁이 바로 증여의제의 대표적 사례이다. 명의신탁이 증여는 아니지만 증여로 취급해 세금을 부과하기 때문이다.

여기서 증여의제의 기준일은 명의개서(名義改書)를 한 날이다. 명의개서란 주주명부에 주식을 취득한 사람의 이름과 주소를 기재하는 것을 말한다. 따라서 명의신탁자가 주주명부에 올라간 날을 증여일로 본다는 뜻이다.

다만 예외가 있다. 오랫동안 명의개서를 하지 않고 주식을 보유한 경우다. 이를 '미(未)명의개서' 자산이라고 한다. 2002년 세법 개정에 따라, 장기 미명의개서 자산은 2003년 1월 1일을 소유권 취득일로 가정한다. 이 원칙에 따라 시기별 증여의제 기준일을 알아보자.

🪙 시기별로 다른 증여의제 기준일

① 2003년 이전 취득재산: 2005년 1월 1일
실제 소유권 취득일과 상관없이 2003년 1월 1일을 취득일로 간주한다. 그런데 2015년 이전에는 장기 미명의개서 주식의 증여의제일을 소유권 취득일의 다음해 말일의 익일로 정의했다. 이 기준에 따르면 2005년 1월 1일이 증여의제 기준일이다.
② 2003년~2015년 취득재산: 소유권 취득일의 다음해 말일의 익일
③ 2016년 이후 취득재산: 잔금청산일

명의신탁은 빨리 해결하는 것이 정석이다. 본인이 실제 소유자이면 명의자로부터 빨리 주식을 환원받아야 하고, 본인 소유가 아님에도 불구하고 본인 명의의 주식이 있다면 하루 바삐 실제 소유자와 명의자를 일치시켜 쓸데없는 분쟁에 휘말리지 않는 것이 좋다.

실제 소유자와 명의자가 적대적 관계에 있고 실제 소유자가 단순 증거만 가지고 있을 경우, 소송을 통해 명의자의 주식을 가져오기 어렵다. 법원의 입장에서 문서상 효력을 인정하지 않는 것은 매우 조심스러운 일이기 때문이다. 게다가 명의자가 주식을 팔아버리기라도 한다면 돌려받는 일은 거의 불가능에 가깝다.

현금 증여도 OK!
창업자금 과세특례

창업자금에
특혜를 주는 이유

　자녀에게 50억원, 또는 100억원의 현금을 증여해도 막중한 증여세를 물지 않을 방법이 있다. 바로 창업자금이다. 2006년 1일 1일부터 창업자금에 대한 증여세 과세특례가 도입되었다. 이 제도는 창업 활성화를 통해 투자와 고용을 창출하고 경제 활력을 도모하겠다는 목적에서 만들어졌다.

　창업자금은 증여세 과세가액에서 5억원을 공제한 금액에 세율 10%를 적용하게 되는데, ㄱ 금액은 50억원을 힌도로 한다. 만약 창업 후에 10명 이상을 고용했을 때는 이 한도가 100억원까지 늘어난다. 창업자금에 대한 과세특례가 얼마나 큰 특혜인지 사례를 통해 확인해보자.

토지보상금을 자녀들의 창업자금으로

Q는 토지 보상금으로 받은 100억원을 보유하고 있다. 그는 아들과 딸에게 이 돈을 나눠 주고 싶어 한다. 세무대리인을 통해 두 자녀에게 50억원씩 나눠줄 경우 증여세를 계산해보니, 각자 20억원 가까운 세금을 납부해야 한다는 사실을 알게 되었다. 예상 외로 높은 세금에 증여를 망설이던 Q는 지인으로부터 창업자금은 세금 혜택을 받는다는 이야기를 듣게 되었다.

Q는 좋은 아이디어라고 생각하면서도 의문이 들었다. 창업이라고 해도 결국은 부동산을 사는 건데 창업자금에 과세특례가 적용된다는 것이 이해가 되지 않았다. 벤처기업 같은 것을 창업해야 되는 줄 알았던 것이다.

그렇다면 정부는 왜 이렇게 느슨하게 과세특례를 적용할까? 부모들이 자금을 묶어두지 말고 사업을 하려는 자녀들에게 증여해 생산적인 곳에 쓰게 하라는 것이 법의 취지다. 설령 100억원의 자금 중 80억원이 토지 구입에 사용되었다고 해도, 정부 입장에서는 토지 매도자로부터 양도소득세를 받고 매도자는 그 돈을 다른 곳에 이용할 테니 국가 경제에 활력을 불어 넣는 일이다. 자금이란 회전할 때 의미를 찾을 수 있다. 금고에서 잠자는 돈은 아무 도움이 되지 않는다.

Q의 아들과 딸은 각각 50억원을 증여 받아 사업 계획을 세웠다. 그들이 납부할 증여세를 계산해보자. 뒤의 표64를 보면 일반 증여시 20억원에 가까웠던 증여세가 4억5천만원으로 줄어들었다. 각자 45억원에 가까운 자금을 활용할 수 있게 된 것이다.

Q는 당장 아들과 딸을 불러 창업에 대한 의향을 물었다. 공업고등학교를 나와 현재 카센터에서 일하는 아들은 만약 아버지가 자산을 물려준다면 카센터를 개업하고 싶다고 했다. 고등학교 졸업 후 별다른 직업이 없던 딸은 베이커리 카페를 차리고 싶다고 했다. 전체적인 상황에 대해 들은 세무대리인은 다음과 같이 컨설팅해주었다.

과세특례를 위한 창업 컨설팅

① 아들: 타이어 판매 및 경정비 업소 2개 창업

타이어 판매 및 경정비는 창업 중소기업에 해당되는 업종이다. 50억원까지 과세특례가 된다는 조건을 활용해 20억원대의 토지를 2개 구입하고 타이어 및 경정비 업소를 2개 창업한다. 일반적으로 타이어 판매점 사장님들은 한 개의 매장만 운영하지 않는다. 타이어 대량 구입시 할인도 되고 소비자들이 비교해서 구입하기 때문에, 매장 2개 경영시 시너지가 크기 때문이다.

이 경우 대지 또는 잡종지를 구입하여 타이어 가게를 창업하게 되니 향후 상속시에도 과세표준이 감소하는 효과가 있다. 또한 10년 후, 타이어 가게에 이용한 땅이 주거지로 변경된다면 주거용 대지로 팔 수 있는 옵션도 존재한다.

② 딸: 국도변 프랜차이즈 식당

국도변에 주차장이 넓은 곳을 확보해 식당을 오픈하면 웬만하면 이익이 발생한다. 또한 국도변 차량 왕래가 쉬운 부동산은 향후 상업용지로 활용될 가능성이 높다. 현재 식당으로 운영 중인 매각 물건을 찾으면 건축에 대한 부담도 줄일 수 있다.

표64 | 창업자금 과세특례 적용시 증여세

	아들	딸	자녀 2인 합
현금증여액	5,000,000,000	5,000,000,000	10,000,000,000
증여공제	500,000,000	500,000,000	1,000,000,000
과세표준	4,500,000,000	4,500,000,000	9,000,000,000
세율	10%	10%	
산출세액	450,000,000	450,000,000	900,000,000
신고세액공제	–	–	–
납부세액	450,000,000	450,000,000	900,000,000

💰 창업자금 과세특례의 특징

① 증여세 신고세액 공제는 받을 수 없다.

② 가업승계 과세특례와 중복 적용되지 않으므로 택일해야 한다.

③ 증여세 과세특례가 적용된 창업자금은 기간에 상관없이 증여 당시 평가액으로 상속세 과세가액에 산입하여 상속세로 정산한다. 또한 상속공제 한도에서 차감되지 않아 공제액이 커지는 효과가 있다.

④ 자금을 분산 증여할 경우에도 과세특례가 적용된다.

⑤ 증여세 과세특례가 적용된 창업자금과 일반 증여 재산은 합산 과세하지 않는다.

사후관리 요건,
10년은 열심히 일해야

　창업자금 과세특례로 증여를 받았더라도 특정한 경우에 해당된다면 이자 상당액을 증여세에 가산하여 부과하므로 주의해야 한다. 특히 증여 받은 후 10년 이내에 폐업하거나 휴업하면 창업자금뿐 아니라 창업으로 인해 발생한 가치에 대해서도 모두 과세가 된다. 창업자금 과세특례를 받으려면 적어도 10년은 열심히 일할 각오가 필요하다.

💰 창업자금 과세특례가 취소되는 경우

① 2년 이내에 창업하지 않는 경우, 창업자금 전체에 대해 과세한다.

② 창업자금으로 창업 중소기업 등에 해당하는 업종 이외의 업종을 경영

하는 경우, 해당 업종 외 창업한 자금에 대해 과세한다.

③ 창업자금을 증여 받은 날로부터 4년이 되는 날까지 전액을 해당 목적에 사용하지 않는 경우

④ 증여 받은 후 10년 이내에 창업자금을 해당 사업 용도 외의 용도로 사용한 경우

⑤ 창업 후 10년 이내에 해당 사업을 폐업하거나 휴업한 경우, 창업자금 및 창업으로 인한 가치증가분 모두에 대해 과세한다.

⑥ 증여 받은 창업자금이 50억원을 초과하는 경우로서 10인 이하를 고용하는 경우에는 50억원을 초과하는 창업자금에 대해 과세한다.

개인사업자의
법인 전환하기

법인이 되면
무엇이 좋을까?

제목만 보고 개인사업자의 법인 전환이 증여와 무슨 상관이냐는 생각을 하는 독자들이 많을 것이다. 결론적으로 말해 상관이 많다. 증여시 법인의 유리한 점을 알아보기에 앞서, 개인사업자와 법인에 대해 개략적으로 살펴보자. 법인은 장점이 많은 반면 운영과 관리가 어렵다는 단점도 있다. 그런데 대부분 사업하는 분들이 법인 형태를 유지하는 것을 보면 단점보다 장점이 더 크다고 짐작할 수 있다.

🪙 법인의 설립과 관리가 어려운 이유

① 법인에는 자본금이 필요하다. 따라서 법인을 설립할 때 자본금을 넣어

야 하고 이 자본금을 이용하여 여러 자산을 구입해야 하므로 이 절차가 몹시 번거롭다.

② 법인의 대표이사는 회사 자금을 가져가기 어렵다. 법인의 대표이사가 잉여 자금을 인출하면, 이는 가지급금이 되어 법인 장부에 기록된다. 대표이사는 가지급금의 이자를 법인에 지불해야 하고, 궁극적으로는 회사에 반환해야 한다. 대표이사가 법인으로부터 돈을 받는 방법은 급여와 배당, 2가지뿐이다.

③ 법인은 등기부등본을 구성해야 한다. 즉 이사, 감사, 대표이사를 구성하고 수시로 등기를 해야 한다. 등기가 필요한 때는 증자, 임원 및 감사의 변동, 사채 발행 등의 경우이다.

④ 법인은 복잡한 업무를 처리해야 하므로 유지관리비가 많이 든다.

🆆 법인의 장점

① 소유와 경영을 분리할 수 있다. 자본금을 통해 주식을 발행하면 주식을 가진 사람(주주)이 그 비율에 따라 소유권을 행사하게 된다. 법인은 주주총회에서 이사를 선임하고 이사 중에서 대표이사를 정한다. 주주에게 대표이사의 선임 권한이 있는 것이다. 만약 대표이사가 경영을 잘하지 못하면 주주총회를 개최해 해임하고 다른 사람을 선정하면 된다. 대주주라고 해서 회사를 직접 경영할 필요는 없다.

② 타인으로부터 펀딩을 받을 수 있다. 창업하는 벤처기업이 모두 법인으로 운영되는 이유는 자금의 유치가 쉽기 때문이다. 대부분 법인은 증자를 통해 자금을 마련하는데, 주식 액면가액의 수배 또는 수십 배가 들어오게 되므로 많은 자금을 끌어들일 수 있다. 다만 펀딩 자금을 개인적인 일에

쓴다면 말로만 듣던 횡령과 배임이 되어 소송에 휘말릴 수 있다.

③ 대출이 쉽다. 법인은 정부의 지원 자금을 받기가 용이하며, 개인과 법인이 분리됨으로써 영업·재무·생산 등의 안정성이 높다. 즉 외부기관으로부터 경영의 안정성을 인정받아 대외적인 활동이 쉬우며 여러 기관으로부터 조력을 받기도 쉽다.

④ 증여와 상속에 있어 유리하다. 이것이 필자가 이야기하려는 핵심이다. 개인사업자가 법인으로 전환할 경우 사실상 세금을 회피할 수 있다.

🅦 법인 전환은 부의 이전 수단

개인사업자가 자녀에게 사업체를 물려준다면 아버지에게서 자녀에게로 사업자등록증이 교체되고, 사업용 자산(부채 포함) 모두가 상속과 증여의 대상이 되어 개별 과세된다.

반면, 법인 지분을 증여하면 시기, 범위, 내용 등을 임의로 조정할 수 있고 자녀들이 배당을 받아 소득을 취할 수 있다. 개인사업자가 자녀에게 금전을 주는 방법은 노동 제공을 통한 급여뿐임을 감안하면 매우 유리한 점이다.

맛집으로 소문난 식당에서 식사를 하고 카드 영수증을 받아보면, 대부분 주식회사(법인) 형태일 것이다. 잘 되는 식당을 자녀에게 물려주기 위한 사전 작업이 시작되었다는 뜻이다. 자식들은 주식을 물려받음으로써 향후 발생할 거액이 상속세를 회피하고 동일한 경영 시스템 내에서 쉽게 돈을 벌 수 있다. 법인 전환이 사실상 부의 이전 수단으로 사용되고 있는 것이다.

개인기업의 법인 전환 절차는 간단하다. 개인사업자를 반납하고 법인을 신규로 설립하면 간단히 처리된다. 그러나 개인으로서 갖고 있던 사업 경력과 영업권, 각종 특허, 상표권 및 실용신안권 등 모든 권리가 사라진다. 또한 개인의 자산을 법인에 넣게 되면 양도소득세가 발생하므로 개인기업의 법인 전환은 전문 회계법인에 의뢰하는 것이 좋다. 하나라도 놓치면 과세되는 경우가 생기기 때문이다. 문제가 생긴다 해서 담당 세무사가 대납해주는 일은 없다.

두 마리 토끼를 잡는 영업권 매각

개인사업자가 법인으로 전환할 경우, 개인이 가지고 있던 영업권 등의 권리가 사라진다. 여기서 영업권이란 사업의 양도·양수 자산과는 별도로 사업을 하면서 만들어진 무형의 권한을 말한다. 법률상의 지위, 지리적 여건, 영업 비법, 신용, 명성, 거래처 등이 이에 포함된다. 분명히 이런 권리가 존재하는데, 이를 개인사업자가 법인에 양도하고 아무런 대가를 받지 않는다면 억울한 측면이 있을 것이다.

개인사업을 법인으로 전환하게 되면, 법인으로 무형의 자산이 들어가는 것이고 개인과 법인은 엄연히 다른 법 인격체이므로 개인이 주주로 존재한다고 해도 대가를 받지 않는 것은 부당한 일이다. 만약 개인사업자가 이 영업권을 외부에 매각한다면 권리금 명목으로 상당한 금액을 받을 수 있을 것으로 판단되기 때문이다.

따라서 법인 설립시 개인사업자로부터 영업권을 수취하는 방식을 취한다. 개인사업자 입장에서는 법인 전환을 통해 세제상 혜택도 누리고 개인 자금도 확보할 수 있는 것이다. 영업권 매각에 대해서는 소득이 발생했으므로 소득세를 납부해야 하지만 일반적인 개인소득세율보다 훨씬 낮은 세율이 적용되므로, 세제상 혜택을 누릴 수 있다.

🅦 법인 전환시 증여세 외의 세제 혜택

'조세특례제한법' 및 '지방세특례제한법'은 법인의 취득세 감면과 양도소득세 이월과세의 혜택을 규정하고 있다.

① 취득세 감면

토지나 건물 가액에 따라 취득세 규모가 크므로 취득세 감면은 큰 혜택이 아닐 수 없다.

② 양도소득세 이연

양도소득세를 당장 과세하지 않고 향후 제3자 매각시 과세한다. 다만 소멸하는 개인기업의 순자산 가액보다 신규 설립되는 법인의 자본금이 무조건 커야 된다. 그 반대라면 이러한 세제상의 혜택이 사라진다. 신규 법인 설립시 사업자가 현금을 추가 증자할 때가 있는데 바로 이런 경우이다. 실무적으로 개인기업의 법인 전환시 정확한 자본금 규모 측정을 위해 기장 담당 세무사의 협조가 필요하다.

법인 전환의 2가지 유형

법인 전환에는 2가지 종류가 있다. 첫째는 일반적인 사업 양수양도를 통한 법인 전환, 둘째는 현물 출자를 통한 법인 전환이다.

🏦 사업 양수양도를 통한 법인 전환

개인사업자의 사업을 평가해 미리 설립해놓은 법인에 넘기는 방법을 말한다. 이때 사업 양도의 주체인 개인사업자와 사업 양수의 주체인 법인이 평가 가액을 임의로 정하는 것이 아니고, 세법의 기준에 따라 평가해야 한다. 그렇지 않을 경우 세금 감면 등의 혜택을 누릴 수 없게 될 수도 있다.

특히 신경 써야 할 것이 신규 법인 설립시의 자본금이다. 앞에서 설명했듯이, 사업 양수양도의 경우에는 신설 법인 등기시에 기존 개인사업자의 사업 평가액 이상의 자본금을 가져야 한다.

🆆 현물출자를 통한 법인전환

사업 양수양도와 달리, 개인사업자가 법인으로 바뀌게 되는 것을 말한다. 자본금으로 현금이 납입되는 것이 아니라, 개인사업자의 자산·부채가 현물로 납입되는 것이다. 즉 자산에서 부채를 차감한 가액이 자본금을 구성하게 되는 원리이다. 현물출자를 상법상 '변태 설립사항'이라고 하는데 일반적이지 않은 예외사항이라고 이해하면 된다.

현물출자에는 법원의 인가가 필수이고, 이를 위해서는 유형자산에 대한 감정평가와 기타 자산 및 부채에 대한 회계감사를 받아야 한다. 상법상 법인 설립을 관여하는 곳은 법원이므로 자본금 확인도 법원이 한다. 법원은 검사인을 지명해 자본금 구성요건이 충족되었는지 확인해야 하는데, 이를 감정평가사나 공인회계사의 감정으로 대체하는 것이다.

사업 양수양도를 통한 법인 전환과 마찬가지로 신설되는 법인의 자본금은 현물출자되는 자산과 부채의 순액보다 커야 한다.

법인 전환의 모든 과정을 이해할 필요는 없다. 어차피 전문가들의 영역이기 때문이다. 업무가 잘못되어 세금이 부과되는 경우도 있을 수 있다. 대부분 법인 전환 업무는 변호사나 법무사가 절차를 진행하고 회계사나 세무사가 같이 참여하는 방식을 취한다. 그런데 이렇게 다양한 사람들이 참여함으로써, 이월 과세 및 세액 감면 등의 혜택을 받지 못할 경우 책임 소재가 불분명해진다는 문제가 있다. 따라서 회계사나 세무사가 확실한 책임을 가지도록 하는 것이 필요하다.

결론적으로, 개인사업자로서 장기적인 세제 혜택을 받고 싶고 어렵게 일군 재산을 세금으로 내고 싶지 않다면 법인 전환이 바람직하다. 일선 세무사 중에는 그게 그거라면서 법인 전환에 소극적 태도를 취하는 사람도 있는데, 리스크를 부담하기 싫거나 법인 설립 후 수임이 어려워질 것을 염려하기 때문이다. 법인은 관리 비용이 크고 통장에 있는 돈을 마음대로 인출할 수 없다는 단점이 있지만, 대부분 사업하시는 분들이 법인 형태를 유지한다는 것은 그만큼 유리하다는 방증이다.

CHAPTER

10

일감몰아주기,
일감떼어주기 과세 탐구

일감몰아주기 과세란 무엇인가?

    일감 몰아주기나 일감 떼어주기가 무엇인지 알려면, 기업의 대주주 입장에서 생각해야 한다. 언젠가 자녀에게 주식을 이전시켜 회사를 승계해야 하는데, 자녀가 그 회사를 물려받을 만큼 자금이 있을 턱이 없다. 그렇다면 증여를 하고, 자녀가 매년 증여세를 분할 납부하도록 하는 게 최선의 방책이다.

    규모가 큰 기업의 대주주일수록 고민이 클 것이다. 이때 증여세 절감을 위해 가장 쉽게 생각할 수 있고 가장 보편적으로 사용되어 온 대안이 '일감 몰아주기'다. 과세 관청이 이런 관행을 모를 리가 없다. 2011년부터 법을 제정해 일감몰아주기를 '증여의제'로 보고 증여세를 과세하기 시작했다.

ⓦ 일감몰아주기 백태

일감몰아주기는 재벌 및 대기업에서 공공연히 승계의 해법으로 이용되어 왔다. 제조업체라면 가장 이익이 많이 날 상품을 자녀가 만든 회사로 이전할 수 있고, 자녀에게 물류 및 운송 회사를 설립하게 해 운송을 독점시키고 운송료를 높게 책정할 수도 있다. 또한 연구개발 회사를 별도 설립해 개발 아이템을 이전시킨 후 코스닥에 상장하게 하는 등 다양한 방법이 강구되어 왔다.

건설회사라면 토지 낙찰을 받은 후 자녀 명의의 SPC(특수 목적 법인)에 토지를 매각하여 시행사업을 진행하도록 할 수 있다. 이럴 경우 과세 관청이 증여세를 부과하는 것이 정상이지만 100% 과세는 애초에 불가능하다. 일감 몰아주기가 여전히 횡행하는 이유다.

ⓦ 일감몰아주기 과세 방법

일감 몰아주기 과세는 수혜법인(일감을 받은 기업)의 지배주주나 친인척 등이 납부해야 하는 세금이다. 수혜법인의 연 매출 중에 특수관계 법인(일감을 준 기업)과의 매출액 비율이 30% 이상(중소기업은 50%, 중견기업은 40%)인 경우에 적용된다. 단, 이는 수혜법인의 지배주주나 친인척 가운데 3% 이상의 지분을 보유한 이들에게 한한다.

쉽게 말해 30% 이상 내부거래를 하지 말라는 이야기다. 만약 과세 관청으로부터 일감몰아주기 과세가 되었다면, 당장 증여세를 낼 현금을 확보해야 하니 지배주주 입장에서는 보통 일이 아니다.

결국 전체 매출에서 특수관계 법인이 차지하는 비율로 과세 여부가 결정되므로, 제3자 매출이 충분히 있어야만 일감 몰아주기 과세를 피할 수 있는 것이다.

한편 일감을 주는 기업과 받는 기업 모두 중소기업이라면, 설령 자녀에게 회사를 만들게 하고 일감을 몰아주어도 과세되지 않는다. 단, 우리나라는 포괄주의를 채택하고 있으므로 명확히 증여라고 판단된다면 중소기업이라도 과세될 소지는 있다. 어느 정도는 공정 타당한 거래를 해야 한다는 의미다. 따라서 자신이 대주주라면 자신의 회사가 대기업인지 중소기업이나 중견기업인지 정확히 알고 있어야 함은 물론, 해당 거래 전 증여의제 과세 가능성을 검토해야 한다.

일감 몰아주기 과세 요건

① 수혜 법인의 세후 영업이익이 있을 것
② 특수관계법인 거래비율이 정상 거래비율의 30%(중소기업 50%, 중견기업 40%) 초과
③ 지배주주와 그 친족의 주식 보유비율이 한계 보유비율의 3%(중소기업 및 중견기업은 10%) 초과

특수관계인의 범위(상속세법 시행령 2의 2①)

상속세 및 증여세법 제2조 제1항 "특수관계인"의 정의에서 대통령령으로 정하는 관계에 있는 자란 다음 각호의 어느 하나에 해당하는 자를 말한다.
I. 국세기본법 시행령 제 1조의 2 제1항 제1호부터 제4호까지의 어느 하나에 해당하는 자(이하 "친족"이라 한다)

국세기본법시행령 제1조의 2 제1항 (특수관계인의 범위)

① 법 제2조 제20호 가목에서 "혈족·인척 등 대통령령으로 정하는 친족관계"란 다음 각 호의 어느 하나에 해당하는 관계 (이하 "친족관계"라 한다)를 말한다.

- 6촌 이내의 혈족
- 4촌 이내의 인척
- 배우자(사실혼 관계 포함)
- 친생자로서 다른 사람에게 친양자 입양된 자 및 그 배우자·직계비속

2. 사용인(출자에 의해서 지배하고 있는 법인의 사용인을 포함한다)이나 사용인 외의 자로서 본인의 재산으로 생계를 유지하는 자

3. 다음 각 목의 어느 하나에 해당하는 자

가. 본인이 개인인 경우: 본인이 직접 또는 본인과 친족관계에 해당하는 관계가 있는 자가 임원에 대한 임면권의 행사 및 사업방침의 결정 등을 통하여 그 경영에 관하여 사실상의 영향력을 행사하고 있는 기획재정부령으로 정하는 기업집단 소속 기업

나. 본인이 법인인 경우: 본인이 속한 기획재정부령으로 정하는 기업집단 소속 기업과 해당 기업의 임원에 대한 임면권의 행사 및 사업방침의 결정 등을 통하여 그 경영에 관하여 사실상의 영향력을 행사하고 있는 자 및 그와 친족관계에 해당하는 관계에 있는 자

4. 본인, 제1호부터 제3호까지의 자 또는 본인과 제1호부터 제5호까지의 자가 공동으로 발행주식총수 또는 출자총액의 100분의 30 이상을 출자하고 있는 법인

5. 제 3호에 해당하는 기업의 임원이 이사장인 비영리법인

6. 본인, 제1호부터 제5호까지의 자 또는 본인과 제1호부터 5호까

지의 자가 공동으로 발행주식총수 또는 출자총액의 100분의 30 이상을 출자하고 있는 법인

7. 본인, 제1호부터 제6호까지의 자 또는 본인과 제1호부터 제6호까지의 자가 공동으로 발행주식총수 등의 100분의 50 이상을 출자하고 있는 법인

8. 본인, 제1호부터 제7호까지의 자 또는 본인과 제1호부터 제7호까지의 자가 공동으로 재산을 출연하여 설립하거나 이사의 과반수를 차지하는 비영리법인

증여의제의
이익 계산하기

그렇다면 일감몰아주기 과세시 증여이익을 어떻게 계산하는지 구체적으로 알아보자. 이때 수혜를 입은 법인의 규모에 따라 계산이 달라진다는 점을 유의해야 한다. 이렇게 계산된 증여이익에 증여세율을 곱하면 증여세 가액이 산정된다.

💰 수혜법인 규모별 증여이익 계산하기

① 수혜법인이 일반기업인 경우

세후 영업이익 × (특수관계법인 거래비율 − 5%) × (주식 보유비율 − 0%)

② 수혜법인이 중견기업인 경우

세후 영업이익 × (특수관계법인 거래비율 - 20%) × (주식 보유비율 - 5%)

③ 수혜법인이 중소기업인 경우

세후 영업이익 × (특수관계법인 거래비율 - 50%) × (주식 보유비율 - 10%)

앞의 산식을 보면 세후 영업이익이 적을수록, 특수관계법인과의 거래 비율이 적을수록, 주식 보유비율이 적을수록 증여이익이 적게 나온다. 또한 중소기업이 중견기업보다 증여세를 적게 내게 된다.

여기서 특수관계법인과의 거래 비율은 여러 가지 규정이 있으므로 단순한 산식으로 단정할 수 없다. 주식 보유비율도 직접보유와 간접보유 등 여러 형태가 있으므로 단순 계산해서는 오류가 발생하기 쉽다. 문제는 증여세를 내야 할 경우 '어떻게 자금을 마련할 것이냐'와 이렇게 증여세를 감수하더라도 '실질적인 혜택이 있는가' 하는 점이다.

일감을 주고 받는 법인 모두 중소기업이 아니고, 수혜법인의 매출이 상당한 규모가 아니라면 일감 몰아주기의 의미를 찾기가 어려우므로 신중하게 접근해야 한다.

세후영업이익 계산 = (① - ②) × ③

① 세무조정 후 영업손익

② 세무조정 후 영업손익에 대한 법인세 상당액

③ 과세 매출비율

오십에 시작하는 증여 플랜

과세 매출과 과세 제외 매출은 여러 기준에 의해 정해진다. 자세한 사항은 매출 발생시마다 규정을 보고 판단해야 하므로 회계사 등 전문가의 도움을 받아야 한다.

일감떼어주기 과세와
증여 이익 계산하기

일감몰아주기와 비슷한 개념으로 일감떼어주기가 있다. 이 또한 일감몰아주기와 마찬가지로 증여의제로 보아 과세가 된다. 과거에 재벌가 자녀들은 회사를 설립하고, 재벌사의 기존 사업 중 마음에 드는 사업 하나를 떼어내서 사업을 시작하곤 했다. 영화를 좋아한다면서 엔터테인먼트 사업부를 떼어가고, 패션을 좋아한다면서 패션 사업부를 떼어가는 식이었다. 물론 증여세를 낼 필요도 없이 말이다.

이렇게 기업집단의 최대주주 등이 계열사의 지배력을 이용해 자녀 등이 지배주주로 있는 법인에 편법으로 일감을 떼어줌으로써 손쉽게 부를 이전시키는 것을 막기 위해 법이 제정되었고, 2016년 1월 1일 이후 적용된 부분부터 증여의제로 과세하기 시작했다.

일감떼어주기 과세의 요건
① 수혜법인이 제공받은 사업 기회로 인하여 부분별 영업이익이 있을 것
② 지배주주 등이 수혜법인의 주식 보유비율이 30% 이상일 것

일감떼어주기 과세는 기본적으로 이익이 발생하는 데 세금을 부과한다. 어떻게든 이익을 발생시키지 않으면 세금을 내지 않아도 된다는 의미다. 또한 지배주주의 주식 비율이 30% 이하라면 과세되지 않는다. 29.9%로만 유지하면 증여세 없이 일감을 떼어줄 수 있다.

🅦 증여의제의 이익 계산하기

일감 떼어주기 증여의제의 이익은 개시 사업연도 종료일을 기준으로 3년 간 부문별 영업이익을 추정하여 계산하고, 3년 후 실제 손익을 정산해 증여세를 다시 계산한다. 즉, 사업 기회를 최초로 제공받은 사업연도에 3년 치를 일시에 납부하고, 사업 기회를 제공받은 사업연도를 포함한 3개 사업연도 경과시에 실제 이익을 계산해 최종 정산하는 시스템이다. 만약 실제 이익이 납부 금액보다 적다면 증여세를 환급받을 수 있다.

증여의제 이익 = [(개시 사업연도 수혜법인의 이익 × 지배주주 등의 주식 보유비율) − 법인세 납부액 중 상당액]을 12개월로 환산한 금액 × 3년

결국 향후 3년간 이익을 최소화시키면 납부세액이 감소된다. 또한 수혜법인으로부터 받은 배당금액은 정산시 차감됨에 따라 증여세 과세액이 감소되는 효과가 있다. 대부분 재벌기업의 승계 작업은 장기간 진행되므로 과세 효과에 의문이 드는 면이 있다. 실제로 일감 떼어주기에 해당되어 증여세를 납부하는 경우를 거의 본 적이 없다. 가업승계나 가업상속 전 단계에서 증여 방법의 한 가지로 일감떼어주기 방식을 연구해볼 필요는 있다.

증여와 상속을
대비한 알짜 지식

자금출처조사
대비하기

    부동산을 구입한 사람이 자금의 출처를 소명하지 못하면 원칙적으로 증여로 간주된다. 만약 과세 관청의 담당자가 연락해서 부동산 구입 자금에 대해 질문한다면 신속히 대답하는 것이 좋다. 문의 전화를 피하거나 답을 하지 않으면, 증여로 간주하고 부동산 구입자의 계좌를 추적해 조사를 시작할 것이기 때문이다.

    정부가 개인의 자금 관계를 파악하는 것은 어려운 일이 아니다. 한국감정원이 한국부동산원으로 명칭을 바꾸어 부동산 구입시 자금 추적을 담당하고 있다. 과세 관청뿐만 아니라 국가적 차원에서 부동산 구입자를 모니

터링해서 해당 부동산이 정당한 절차와 합리적인 가격으로 매매 또는 증여가 되었는지 확인한다는 뜻이다.

최근 한국부동산원은 부동산거래관리시스템(RTMS: Real estate Transaction Monitoring System)을 통해 이상거래를 파악하고 있다. 미성년자나 수입이 없는 사람이 부동산을 매입하면, 매도자와 매수자에게 동시에 질문서를 보내 상호 진술이 일치하는지 확인한다.

명확하지 않은 경우에는 별도로 추가 질문을 하고, 세금 탈루의 의심이 들면 국세청으로 통보한다. 따라서 부동산 거래시에는 항상 자금출처를 확보하고 있어야 한다. 자금출처조사는 부동산 구입뿐 아니라 채무 상환 시에도 적용된다. 거액의 채무상환은 당연히 조사 대상이다.

🆆 증여 추정에서 배제되는 경우

과세 관청은 증여 추정 배제 기준(국세청 훈령 제2382호)에 따라 업무를 수행한다. 즉, 자금출처조사에서 입증되지 않는 금액이 취득 재산가액의 20%나 2억원 중 어느 하나에 미달한다면 그 정도의 오차까지는 추가 조사하지 않는다는 의미다. 10억 이하의 부동산 구입시, 2억원 정도까지는 자금출

표65 | 자금출처조사 대상

구분	취득재산		채무상환	총액한도
	주택	기타 재산		
30세 미만	5000만원	5000만원	5000만원	1억원
30세 이상	1억5000만원	5000만원	5000만원	2억원
40세 이상	3억원	1억원	5000만원	4억원

처가 소명되지 않아도 넘어가 준다. 물론 소득이 있어야 하고 구입자 입장에서 충실히 소명을 해야 함은 당연한 일이다.

한편 취득자금 또는 상환자금이 증여받은 것이 명확한 경우에는 증여 추정과는 무관하게 그 자체로 증여세 과세 대상이다. 앞에 나온 표65를 참고하여 자금 출처조사에 허점이 없도록 준비해야 할 것이다

회사를 팔고 싶으면
증여 계획을 미리 세워라

회사를 판다는 것은 곧 회사의 주식을 파는 것이다. 자녀가 회사를 물려받을 생각이 없거나 부모가 보기에 회사를 경영할 능력이 없다고 판단되면 '가업상속'이란 제도도 무의미하다. 결국 매각 아니면 정리 수순이다. 필자가 경험한 바로는, 승계받을 자녀가 없는 경우 또는 대주주의 건강이 좋지 않을 때 회사의 매각이 이루어진다.

회사의 매각과 증여는 직접적인 관계가 없어 보일 것이다. 그러나 회사를 매각하는 과정에서도 증여세 절감은 충분히 가능하므로 하나씩 살펴보자.

주식 조기 증여 전략

대주주들은 대부분 회사를 위해 헌신한다. 새벽에 출근해 밤 늦게까지 상품 개발을 하고 온갖 수모를 감수하고 영업을 하기도 한다. 대략 30대 중반부터 50대 중반까지, 20여 년을 이렇게 헌신한다. 대주주들이 60세에 가까워지면 업무는 임원들에게 넘기고 슬슬 2세 경영에 관심을 갖기 시작한다.

문제는 대주주가 증여나 상속을 생각할 때면 지분의 가액이 몇 억 또는 몇 십억의 세금으로 해결하지 못할 상태가 된다는 것이다. 따라서 자녀가 만 18세가 되면(대학생이 되면) 서서히 지분을 나눠 주는 것이 좋다. 자녀가 증여세를 납부해야 하니 근로를 제공해 세원을 증빙하는 것도 필수적이다. 자녀가 서른 가까이까지 공부한다고 세원을 만들어놓지 않으면 나중엔 감당이 불가능하다.

물론 주식을 자녀에게 나눠주는 것이 자녀에게도 좋지 않고 회사 근로자들 보기에도 좋지 않다며 주저하는 대주주들도 많다. 하지만 달리 생각하면 자녀에게 책임감을 갖게 하고 향후 역할을 기대한다는 것을 보여 주는 것이니 나쁘지만은 않다. 액면가 근처에서 조기 증여하는 것과 회사가 성장한 후의 증여를 비교하면 절감되는 증여세는 엄청난 수준일 것이다. 회사의 성장이 예측된다면 주가는 지금이 가장 저렴하다.

🆆 매각 전 증여하기

대주주가 M&A를 결심했다면 적어도 1~2년의 준비 기간이 필요하다. 앞에서 살펴본 대로 M&A를 준비하기 전 이익이 낮을 때 대주주 지분을 자녀에게 증여해야 한다. 만약 대주주가 매각대금을 자녀에게 증여한다면 50%에 달하는 증여세를 내야 한다. 27.5%의 주식 양도소득세를 내는 편이 훨씬 이익이다. 주식을 매각해 매각대금을 증여하는 것이 아니라, 자녀가 대주주로서 주식을 매각해 매각대금을 받도록 해야 한다.

물론 매각대금이 20~30억 정도라면 큰 차이가 없겠지만, 100억원을 넘어간다면 사전에 주식을 증여한 경우 몇십 억원의 세금이 절약된다. 많은 회사들이 매각 전 이런 조치를 취하고 있다.

주주의 자격은 상법이나 세법에 규정되어 있지 않다. 그런데 자녀가 실제 근무하지 않는데도 대표이사로 등기하고 월급을 지급한다면 횡령 배임에 해당되어 형사 사건이 된다. 이는 매우 우려할 만한 사안으로 월급을 토해낸다고 해도 고발 조치되었다면 형사 처벌을 피할 수 없다.

자녀가 회사에 근무하지 않는다면 주주로서만 존재해야 한다. 대주주의 아내나 딸을 회사의 감사로 선임해 감사 보수를 매월 지급하는 경우도 마찬가지이다. 감사로서 출근 및 활동 내역을 증명할 수 있어야 한다. 많은 회사들이 세무대리인들로부터 결재 서류에 감사 서명만 있으면 손금 산입이 가능하다는 잘못된 설명을 듣고 있다. 이 경우도 감사의 출퇴근 여부, 카드 사용 여부, 감사의 활동 내역, 업무 관계성 등을 조사할 경우 과세될 위험이 상존한다.

매각을 위한 밸류에이션

M&A에 있어서 가장 중요한 것은 매각대금의 액수이다. '얼마에 파느냐'가 성공과 실패를 판가름한다. 필자가 수많은 M&A 업무를 수행하며 느낀 점이 있다. 처음 대주주들은 회사를 계속 발전시킬 사람, 고용을 계속 유지할 사람, 관련 업종에서 성공사례가 있는 사람 등을 조건으로 내건다. 하지만 본 계약서에 도장을 찍는 순간에는 매각대금의 액수만이 관건이다. 필자의 극단적 발언이 아니라 현실이 그렇다.

따라서 M&A의 핵심은 밸류에이션, 가치 평가다. 인수자 입장에서는 해당 회사의 현금 창출 능력이 가장 중요하다. 현금 창출 능력을 최대한 끌어올려 매각대금을 극대화해야 한다는 의미다.

M&A 분야에서 20여 년 이상 일해온 필자는 준비된 매각은 50% 이상의 매각대금 증액을 가져온다고 감히 말씀드린다. 매각의 사전 준비는 매각 그 자체보다 훨씬 중요하다. 하지만 어떻게 준비해야 하는지를 알려주는 책은 어디에도 없다. 증여세와 직접적인 관련은 없지만, 매각을 준비하는 분들께 몇 가지 조언을 드리려고 한다.

밸류에이션 빌드업하는 방법

① 소모성 비용의 절감

당장 필요 없는 지출을 줄여야 한다. 대표적인 것이 광고비 및 순수 연구용 개발비이다. 이런 비용을 장기적으로 지출하지 않으면 문제가 생기겠지만 당장 매출에는 영향을 주지 않는다. 이러한 비용은 현금 흐름은 악

화시키는 요인이므로, 매각 전 이러한 활동을 최소화하여 유동성을 강화
하자.

② 대주주 가족 및 임원에 대한 지출 감소

대부분의 대주주 가족들은 회사에 일정한 직급을 갖고 있고 법인카드와
회사 차량을 이용한다. 그러나 여타 임원과 비교했을 때 실제 기여도는 높
지 않다. 물론 대주주 가족 중에서도 열심히 일하는 사람이 있겠지만, 어
찌 되었든 대주주 가족은 월급과 비용을 쓰지 않아도 회사에 다닐 수 있
다. 대주주 가족의 급여, 상여, 법인카드 비용 및 차량 유지비 등을 지출하
지 않으면 큰 금액이 절감된다. 더 큰 금액을 한번에 받기 위해서라면 잠
시 가족에 대한 보상을 중지하자.

③ 매입 단가를 낮추기 위한 경쟁입찰

수십 년을 거래한 업체를 경쟁 입찰시키는 것이 민망한 일이긴 하지만 어
차피 회사를 매각하면 거래는 끊어지게 된다. 대주주는 냉정하게 판단해
경비가 절감되는 쪽으로 거래처를 바꿔야 한다.

④ 외부인은 모르는 회계 기준의 변경

공인회계사의 도움을 받아 재무제표상 이익이 증가하게끔 변경 가능하다.
대표적인 계정 과목은 각종 상각비, 부채성 충당금, 계속 사업 이익 등인
데 전문적 내용이라 설명은 생략하겠다. 필자는 매도자를 위해 TF팀을 꾸
려 M&A에 전면적으로 대비한 경험을 갖고 있어서, 이런 요령을 알려드릴
수 있는 것이다.

⑤ 수선유지비 및 비품구입비 등의 절감

모든 회사가 경비 절감 노력을 하고 있지만, 매각을 앞두고 있다면 거액이 드는 수선은 최대한 미뤄야 한다. 공장 시설 교체, 도색 및 공정 개선 등이 여기에 해당된다. 이런 비용 절감을 통해 현금의 흐름을 증가시키는 것이다. 필자가 알고 있는 한 회장님은 회사 매각 결정 이후, 회사 행사를 자비로 부담하고, 본인과 임원의 법인카드를 없앴고, 휴일근무 수당을 개인 돈으로 지급하기도 했다. 도덕적으로는 옳다고 할 수 없지만, 돈의 논리에서는 잘한 일이다.

앞의 다섯 가지 요령은 필자의 경험에서 비롯된 것이니 반드시 따를 필요는 없다. 매각 후 매각금액을 자녀에게 어떻게 증여할 것인지는 또 다른 숙제이지만 여기까지 읽어 온 독자라면 해법을 찾을 수 있을 것이다.

어떠한 이유에서든 대주주가 매각을 결심했다면 매각 시점에서 10년 전 또는 5년 전에라도 자녀에게 주식을 증여하는 것이 절세를 위한 기본 절차이다. 또한 매각은 시간을 두고 전문가의 도움을 받아 준비해야 한다. 많은 회사들이 법인세 납부액을 줄이기 위해 영업이익을 축소시켜 놓는 경우가 많은데, 이는 매각대금이 낮아지는 안타까운 결과로 돌아온다. 대주주는 나무가 아닌 숲을 보고 가야 한다.

효도도 문서로
계약할 수 있다

　아직도 많은 부모님들이 증여를 꺼린다. 재산을 모두 증여하면 자식들이 홀대할지도 모른다는 우려와 혹시 자식이 이혼해서 재산이 남의 자식에게 넘어갈지도 모른다는 걱정에서다. 이혼율이 30%가 넘으니 결코 기우는 아니다. 반면 사업을 해서 재산을 탕진할지도 모른다는 두려움은 상당히 줄었다. 그런 자식에게는 증여를 하지도 않을 것이고, 요즘 젊은이들은 경제에 해박하고 소위 건물주로 편히 살고 싶어하는 부류도 많기 때문이다.

　부모님들 중에 '문서로 효도 의무를 명확히 할 수 있느냐'를 궁금해하는 분들이 있다. 우리나라 민법은 효도 계약서가 유효하다고 판단하고 있다.

증여시에 계약서를 작성하면, 효도를 하지 않는 경우 계약 위반으로 부모가 재산을 돌려받을 수 있다. 이럴 경우 취득세는 무조건 다시 부담해야 하고, 만약 6개월이 경과했다면 증여세도 부담해야 한다.

최근 대법원 판례를 보면, 아들이 효도 계약을 지키지 않아 아버지가 재산을 되돌려 받은 사례가 실제로 있었다. 이러한 계약에 양식이 따로 존재하지는 않지만 가능한 한 구체적 조건을 열거하는 것이 좋다. 즉 '자주 방문해야 한다'가 아니라 '주 1회 이상 손자들과 함께 방문해야 한다'로 적시하는 것이 좋다.

증여하는 재산 목록도 정확히 기입하고, 자식에게 별도의 각서를 받아 두는 것도 바람직하다. 만약 계약 이행이 되지 않는다면 증여한 모든 재산을 반환한다는 내용이 포함되는 것이 향후 발생할 수 있는 분쟁에서 유리하다고 판단된다.

물론 증여 계약이 쉬운 문제는 아니다. 하지만 계약서를 작성함으로써 해당 자산이 부모로부터 온 것임을 명확히 하는 효과도 있다. 부부 별산제 하에서 각자의 재산에 증여, 상속, 개인소득, 부부간 증여 등으로 꼬리표를 달아 놓는 것은 증여를 받거나 소득이 있는 입장에서 유리한 측면이라 할 수 있다.

법정상속인과
상속 비율에 대하여

우리나라 법정상속인의 순위는 표65와 같다. 앞순위가 존재하지 않을 때 다음 순위로 내려가는 형식이다. 직계존속과 직계비속 모두 존재하지 않을 경우에는 배우자가 단독 상속인이 된다.

표65 | 법정상속인의 순위

순위	상속인이 되는 자	비고
1순위	직계비속과 배우자	항상 상속인이 됨
2순위	직계존속과 배우자	직계비속이 없는 경우
3순위	형제자매	1, 2순위가 없는 경우
4순위	4촌 이내의 방계혈족	1, 2, 3순위가 없는 경우

ⓦ 대습상속에 대해서

대습상속(代襲相續)이란 상속인이 될 직계비속(1순위) 또는 형제자매(3순위)가 상속 개시 전에 사망하거나 상속 결격이 된 경우, 그 사람의 직계비속이나 배우자가 상속인이 되는 것을 말한다. 가장 흔한 것이 며느리나 사위에게 상속하는 것이다.

피상속인이 사망할 당시 자녀가 이미 사망한 상태이고, 며느리나 사위가 재혼하지 않았다면 며느리와 사위, 또는 그들의 자녀가 대습 상속인이 되어 해당 지분만큼 상속받게 된다. 며느리나 사위가 재혼을 하면 상속권은 사라지고, 그 자녀만 대습상속을 받게 된다. 만약 그 자녀도 재혼한 상

사례

홍길동 씨의 상속 비율 직접 계산해보기

홍길동 씨가 사망했다. 홍길동 씨에겐 아내와 3명의 자녀 X, Y, Z가 있다. 그런데 그중 X는 이미 사망한 상태다. 사망한 자녀에겐 재혼하지 않은 배우자와 3명의 자녀가 있다. 이때 상속 비율을 계산해보자.

상속 1순위는 배우자와 직계비속이고, 그 비율은 배우자가 1.5, 자녀가 1이다. 따라서 상속 비율의 합은 배우자(1.5)+자녀X(1)+자녀Y(1)+자녀Z(1)=4.5가 된다. 즉 홍길동 씨의 상속 재산 총액을 1로 보았을 때 배우자가 전체 상속 재산의 1.5/4.5를, 자녀들이 1/4.5씩을 가져간다. 총 상속 재산이 99억원이라면 배우자가 33억원, 자녀들이 각 22억씩 상속한다. 그런데 자녀 중 X가 사망했으므로 대습 상속이 진행된다. X의 몫인 1/4.5을 그의 배우자와 직계비속이 상속하는 것이다. 즉 1/4.5 중에서 다시 1.5/4.5는 사망한 자녀의 배우자에게, 1/4.5씩은 사망한 자녀의 자녀에게 상속된다. 현금으로 계산하면 사망한 X의 몫인 22억 중 약 7.3억은 배우자에게, 약 4.9억씩은 자녀들에게 상속되는 것이다.

대방의 친양자로 입양되었다면 상속권은 소멸된다.

공동상속인 간의 법정 상속지분은 동일하며, 다만 배우자의 경우에만 다른 상속인보다 50% 더 가산하여 산정한다. 일반적으로 배우자에게 현금 상속을 많이 하여 상속세를 배우자가 납부하도록 하는 전략을 쓰는 경우가 많다. 배우자에게 많은 재산을 남겨두면 한번 더 상속세 과세 대상에 포함된다.

한편 상속 결격자의 경우, 상속 지분은 없으나 대습상속은 가능하다. 반면 상속을 포기한 자는 대습상속도 불가능하다.

유류분
반환 청구에 대하여

상속에 관심이 없는 분들도 '유류분(遺留分)'이란 얘기를 들어보았을 것이다. 상속이 순조롭게 진행된다면 굳이 알아야 할 필요가 없는 것이 바로 유류분 반환 청구다.

'유류분'이란 법률상 유보된 일정 비율의 자산을 말한다. 상속 절차가 다 끝났더라도 그 만큼은 언제든 취득할 수 있다는 의미를 담고 있다. 예를 들어 부모 중 한 명이 유언장을 통해 전 재산을 자선단체에 기부했다고 해보자. 자녀들은 법정상속분의 50%(직계존속과 형제자매는 33.3%) 한도 내에서 유류분 반환 청구를 진행할 수 있다.

🇼 유류분 반환 청구의 흔한 사례

① 피상속인의 재혼

가끔 재혼한 아버지의 장례를 치르고 보니 재산이 하나도 없더라는 얘기를 듣는다. 재혼 배우자와 그의 자녀들에게 재산의 상당 부분이 이전된 상태라 볼 수 있다. 이런 경우에 피상속인의 자녀들이 유류분 청구를 할 수 있다.

② 절연, 혹은 연락 두절

반대하는 결혼 등으로 부모와 자식 사이가 멀어지고 형제들 간에도 연락이 없이 오랜 세월이 지난 경우다. 이렇게 연락이 두절된 경우도 있고, 의도적으로 연락을 하지 않은 채 자기들끼리만 상속 절차를 진행하는 경우도 있다. 이때 연락받지 못했거나 배분받지 못한 상속인은 유류분 반환 청구의 당사자가 된다.

🇼 유류분 반환 청구 방법

① 반환 청구권 행사

반드시 소송을 해야 하는 것은 아니다. 유증 또는 증여를 받은 공동상속인에게 유류분을 청구한다는 의사 표시를 하고, 이것이 받아들여지지 않을 때 변호사를 통해 소송을 진행한다. 상속세 신고서상 소송 쟁점이 명확히 드러나 있으므로 어려운 소송은 아니다.

② 청구 대상이 되는 자산

상속 개시 전에 존재하던 재산에서 이미 증여한 재산을 더한 다음 부담한 채무를 공제한 금액이 청구 대상 자산이다. 다시 말해 사망자가 생전에 증여한 재산까지 포함된다는 뜻이다. 피상속인의 재산을 상세히 알 수 없는 유류분 반환 청구자 입장에서는 본인 몫의 50%가 생각 외로 큰 금액일 수 있다.

다만, 상속 개시 전 1년 이내에 공동상속인 외의 사람에게 증여한 재산은 유류분 대상이 되지 않는다. 1년 전 증여라 할지라도 당사자 쌍방이 유류분 권리자에게 손해를 가할 것을 알고 했다면, 유류분 대상이 된다.

① 사실혼 관계일 경우 상속권이 인정되지 않는데 예외는 없을까?

사실혼 관계는 어떤 경우에도 상속권이 인정되지 않는다. 필자의 고객 중 사실혼 관계의 부부가 이혼 절차를 진행하다가 남편이 사망했다. 사망한 남편과 10년간 결혼 생활을 유지한 아내는 안타깝게도 한 푼도 상속 받지 못했다.

② 태아에게 상속권이 있을까?

태아에게도 당연히 상속권이 있다. 그런데 사실혼 관계를 유지하던 중 남편이 사망했는데 아내가 임신 중이라면, 아내에겐 상속권이 없고 아내의 태중에 있는 태아에겐 상속권이 있다. 다만, 누군가가 남편의 아이임을 믿지 못하겠다면서 소송을 제기한다면 유전자 감식이 실시되어야 한다. 사실혼 관계의 아내가 임신을 유지하지 못하고 유산한다면 상속권은 사라진다.

③ 계부나 계모의 재산을 상속 받을 수 있을까?

우리나라 민법은 혈족간의 상속을 기본으로 하므로 계부나 계모의 재산은 원칙적으로 상속되지 않는다. 계부나 계모는 피로 연결된 관계가 아니라 혼인을 통해 연결된 인척이기 때문이다.

만약 아버지가 재혼해 새어머니와 혼인 관계에 있다면, 아버지의 재산은 상속 가능하지만 새어머니의 재산은 상속할 수 없다. 부부 별산제에 따라, 새어머니의 재산은 새어머니의 혈족에게 상속된다. 만약 계부나 계모의 재산을 상속받고자 한다면, 유언으로 공증을 받거나 입양 절차를 통해 법적 지위를 얻어야 한다.

④ 호적에 적모의 친생자로 등재되어 있는데, 친모의 재산을 상속 받을 수 있을까?

민법은 진실 여부가 아니라 호적부의 부란과 모란에 등재된 사람을 친부와 친모로 판단한다. 만약 홍길동(서자)이 친부와 적모(호적상 어머니)의 자식으로 등재되어 있다면, 친모 사망시에 한푼도 상속 받을 수 없다. 이 관계를 바로잡으려면 친생자관계 존부 확인 소송을 통해 호적을 정리하는 방법뿐이다.

친양자 입양 조건 (민법 제908조의 2)

3년 이상 혼인 중인 부부로서 공동으로 친양자를 입양해야 한다
(1년 이상 혼인 중인 일방이 그 배우자의 친생자를 친양자로 입양하는 경우
는 별개로 한다). 친양자가 될 자는 15세 미만이어야 하고, 친양자의
친생부모가 입양에 동의해야 한다. 친생부모가 사망했다면 별도의
절차가 필요하지 한다.

또한 민법은 '가정법원은 친양자가 될 자의 복리를 위하여 양육 상
황, 친양자 입양의 동기, 양친의 양육 능력, 그 밖의 사정을 고려하
여 친양자 입양이 적당하지 아니하다고 인정되는 경우에는 기각할
수 있다'라고 규정하고 있다.

⑤ 친양자는 상속권이 있을까?

남편과 사별하고 세 자녀를 양육 중인 여성과 결혼한 남성이, 세 명의 자
녀를 친양자로 입양했다면 당연히 세 명의 자녀는 아버지의 재산을 상속
받을 수 있다. 다만 친양자가 되려면 민법상 요건을 충족해야 한다. 즉 가
정법원의 동의가 있어야 친양자 입양이 가능하다는 의미다. 한편 친양자
로 입양되면 친생부모에 대한 상속권은 사라지므로 친생부모로부터 재산
을 물려 받을 수 없다.

⑥ 할아버지와 할머니의 상속 재산보다 부채가 많다면, 손자와 손녀도 상속포기 신고를 해야 할까?

피상속인의 배우자와 자녀 중 자녀 전부가 상속을 포기하고 배우자가 단
순승인 또는 한정승인하는 경우, 배우자가 단독상속인이 될 뿐 손자녀는

공동상속인이 되지 않는다는 대법원 전원합의체 판단이 나왔다. 앞서 자녀들이 전부 상속을 포기한 경우, 배우자와 손자녀가 공동으로 상속인이 된다고 판단한 2015년 대법원 판결이 약 8년 만에 변경된 것이다.

이것은 어떤 의미일까? 과거엔 할아버지 또는 할머니의 부채가 자산보다 많을 경우 손자 손녀 모두 상속포기 신고를 해야 했으나, 이젠 이런 절차가 필요치 않다고 판결한 것이다. 즉 손자 손녀에게 돌아가신 할아버지와 할머니의 부채가 승계되는 일은 없어졌다고 봐야 한다.